AF455654

TRAITÉ
THÉORIQUE ET PRATIQUE
SUR
LES MONNAIES,
SUIVI

D'UN TABLEAU INDIQUANT LE TITRE, LE POIDS ET LES VALEURS DES PRINCIPALES MONNAIES D'OR ET D'ARGENT QUI ONT COURS DANS TOUS LES PAYS;

Ouvrage adopté par la Société des méthodes d'Enseignement, utile aux Orfèvres, Changeurs, Négocians, Banquiers, et généralement à tous ceux qui font le commerce des matières.

Par J.-B. Juvigny.

TROISIÈME ÉDITION.

A Paris,

A la Librairie du Commerce,

CHEZ RENARD, RUE SAINTE-ANNE, N°. 71.

1834.

IMPRIMERIE D'AUFFRAY, PASSAGE DU CAIRE, 54.

Paris, le 5 février 1824.

Le Secrétaire perpétuel

DE LA

SOCIÉTÉ ROYALE ACADÉMIQUE DES SCIENCES,

A M. Juvigny.

MONSIEUR,

J'ai l'honneur de vous annoncer que la Société Royale Académique des Sciences, après avoir entendu avec intérêt le rapport de sa commission, vous a admis à l'unanimité membre correspondant. Elle me charge de vous exprimer combien elle se félicite d'une acquisition qui l'honore et qui lui sera profitable par la communication de vos utiles travaux.

Je suis charmé d'être dans ce moment l'organe de la Société Royale Académique, et je vous prie d'agréer dans cette circonstance l'expression des sentimens particuliers avec lesquels j'ai l'honneur d'être, monsieur,

Votre très-humble et obéissant serviteur,

DE MOLÉON.

AVERTISSEMENT.

Les numéros placés entre deux parenthèses indiquent les articles sur lesquels on s'appuie dans les endroits où ils sont cités, et qu'il faudra relire toutes les fois qu'on n'aura pas présent le rapport que le premier article peut avoir avec le second.

PRÉFACE.

Le travail que je publie ici est extrait de mon *Application de l'Arithmétique au commerce et à la banque* (*). Comme il peut être utile à un grand nombre de personnes qui n'ont pas besoin de l'ouvrage entier, je me suis décidé à en détacher cette partie, qui intéresse essentiellement tous ceux qui font le commerce des matières d'or et d'argent.

Après être entré dans les plus grands développements sur les monnaies, et en avoir simplifié tous les calculs; après avoir ramené la solution de tous les problèmes relatifs à l'élévation et à la réduction des titres, et dans tous les cas possibles, à un mode unique de solution dépendant d'une simple règle de trois;

(*) Deux volumes in-8°, *nouvelle édition*. Prix : 8 francs, et 10 fr. par la poste. Elle se trouve chez moi et chez les mêmes libraires où se vend le présent Traité.

enfin, après avoir complété les notions nécessaires à tous ceux qui veulent faire le commerce des espèces et des matières d'or et d'argent, je termine par un tableau de comparaison des monnaies étrangères avec les monnaies françaises : ce tableau, véritable manuel pratique, de la plus grande étendue, est formé sur un plan différent de tous ceux qui ont paru jusqu'à présent.

En effet, les tableaux du même genre, calqués les uns sur les autres, offrent tous les mêmes inconvénients. Ils n'indiquent que la valeur du kilogramme correspondant au titre des pièces, déduction faite des frais de fabrication seulement, et la valeur de ces mêmes pièces droites de poids et de titres. Cette dernière valeur n'est d'aucune utilité dans le commerce des matières ; et quant à la première, elle est erronée pour tous les titres au-dessous de 900 millièmes, attendu que, indépendamment du droit de fabrication qui frappe tous les titres sans exception, la monnaie retient en outre un droit d'affinage sur les matières qu'on lui porte au change, lorsqu'elles sont au-dessous du titre légal fixé à 900 millièmes. Le tarif des monnaies lui-même est entaché du même vice fondamental, et n'est propre par conséquent qu'à induire le public en erreur, puisque les prix qu'il cote sont toujours relatifs à la retenue pour le droit de fabrication seulement, et jamais à la double retenue dont sont passibles, je le répète, les matières d'or et d'argent au-dessous de 900 millièmes.

Mon tableau, qui a cinq colonnes, indique, au contraire, non-seulement la valeur *réelle* par kilogramme de toutes les pièces qui y sont mentionnées, quel que soit leur titre (et par conséquent déduction faite des frais de fabrication et d'affinage), mais encore le prix de chacune de ces mêmes pièces, lorsqu'elles ont le poids requis.

La première colonne exprime les titres auxquels les pièces étrangères sont reçues aux hôtels des monnaies, ou bien ceux qu'elles donnent le plus communément à l'essai, pour celles non tarifées; la seconde, le poids que doit avoir chaque pièce; la troisième, la valeur du kilogramme, déduction faite des frais de fabrication et d'affinage ; la quatrième, la valeur de chaque pièce, déduction faite de ces mêmes frais ; et la cinquième, enfin, la valeur de ces mêmes pièces, supposées droites de poids et de titre.

C'est dans Bonnet, et plus particulièrement dans Bonneville, auteur classique pour les monnaies, que j'ai puisé les principaux éléments de ce tableau ; mais c'est à l'extrême complaisance de M. Magnier, chef de bureau à l'administration générale des monnaies, que je dois d'avoir mis dans mon travail toute l'exactitude dont il était susceptible.

Placé depuis quarante ans au centre de toutes les expériences, l'avantage de sa position lui a permis d'acquérir les connaissances les plus étendues et les plus positives sur cette matière. C'est lui qui m'a mis à même de rectifier plusieurs erreurs que des essais faits plus en grand ont fait reconnaître dans les deux auteurs que je viens de citer ; c'est encore lui qui m'a fourni les moyens d'enrichir mon tableau de toutes les pièces étrangères qui ont été tarifiées depuis 1806 (époque où M. Bonneville a publié son traité) jusqu'à ce jour; c'est-à-dire pendant un intervalle de dix-huit ans. Ainsi donc le gouvernement lui-même ne pourrait rien donner de plus exact, puisque c'est à la source même que j'ai puisé.

Les chambres de commerce des principales villes de France avaient souscrit dès l'origine à mon *Application de l'Arithmétique au commerce et à la banque*. S. Exc. le ministre de l'intérieur en avait fait prendre aussi un grand nombre d'exemplaires à deux reprises différentes, et depuis, la *Société des méthodes d'enseignement* a chargé MM. Francœur et Tisserand de lui rendre compte d'un ouvrage qui s'annonçait avec un caractère d'utilité générale. Ces deux savants mathématiciens lui ont fait en conséquence, sur mon Arithmétique commerciale, un rapport qui m'est beaucoup trop favorable sans doute. Pour mettre le public à portée de réduire l'éloge à sa juste valeur, je joins à la suite de cette préface l'extrait textuel de leur compte rendu, relatif à ce petit traité, lequel traité, je le répète, n'est qu'un fragment de cette arithmétique commerciale.

La publication de ce dernier ouvrage vient de m'ouvrir la porte de la *Société royale académique des Sciences de Paris*. Cette faveur me flatte et m'honore trop pour que je ne la présente pas ici comme un titre dont je suis jaloux; c'est pourquoi on trouvera un peu plus loin la copie de la lettre aussi gracieuse qu'obligeante par laquelle M. de Moléon, secrétaire perpétuel de cette Société, m'a annoncé mon admission comme membre correspondant.

EXTRAIT

DU RAPPORT FAIT A LA SOCIÉTÉ DES MÉTHODES D'ENSEIGNEMENT,

LE 8 JANVIER 1822,

Par MM. Francœur et Tisserand, chargés par le comité des Sciences Mathématiques de cette Société d'examiner un ouvrage ayant pour titre : Application de l'Arithmétique au Commerce et à la Banque, par J.-B. JUVIGNY.

« Ce qui distingue essentiellement le premier vo-
« lume de cet ouvrage, c'est un travail très-étendu
« sur notre système monétaire, accompagné d'un ta-
« bleau indiquant *le titre, le poids, et les valeurs des*
« *principales monnaies d'or et d'argent qui ont cours*
« *dans tous les pays.*

« Ce tableau mérite une mention particulière par
« l'utilité générale dont le rend pour le commerce la
« manière dont il est conçu et exécuté. Il suppose un
« grand travail et de longues recherches; il contient
« avec beaucoup d'exactitude ce qui est essentiel dans
« l'ouvrage de M. Bonneville sur les monnaies, publié
« en 1806. M. Juvigny a eu des renseignements pré-
« cieux qui lui ont été fournis à l'administration gé-

« nérale des monnaies, ce qui donne à son tableau « un double avantage qui résulte de l'époque de son « apparition d'une part, et de l'autre, du mérite d'un « plus grand degré d'exactitude. Ce tableau est celui « qui peut être consulté avec le plus de fruit par tous « ceux qui font le commerce des matières d'or et d'ar- « gent. Sa construction le rend propre à plus d'un « genre d'utilité.

« Tous les calculs relatifs à l'élévation et à la réduc- « tion des titres y sont aussi simplifiés qu'ils peuvent « l'être. »

Voici en même temps ce que le paragraphe qui termine ce rapport dit sur l'ensemble de l'ouvrage.

« Cet ouvrage a l'avantage de contenir tout ce que « l'on peut désirer sur les opérations commerciales « expliquées de la manière la plus simple. Il ne peut « manquer d'être apprécié par tous les négociants, « ayant déja reçu l'approbation la plus flatteuse de « M. Laffitte, qui en fait usage dans toutes ses opéra- « tions. »

PETIT TRAITÉ
THÉORIQUE ET PRATIQUE
SUR LES MONNAIES
ET SUR LES CALCULS RELATIFS.

1. J'AI déja dit dans ma préface que j'étais parvenu à résoudre les problèmes les plus compliqués relatifs à l'alliage des métaux, par le moyen des *règles de trois*, même lorsqu'il s'agit de plusieurs lingots d'or ou d'argent de poids et de titres différents. Par conséquent, il est indispensable de bien connaître ces sortes de règles; et c'est pourquoi je vais commencer par en exposer les principes fondamentaux, sans cependant remonter plus haut, parce que je suppose à mon lecteur la connaissance des quatre premières règles de l'arithmétique, et quelques notions très-simples sur la théorie des proportions.

De la règle de trois.

2. La règle de trois est une proportion géométrique dans laquelle, au moyen de trois

termes connus, on cherche le quatrième qui est l'objet de la question. On en distingue de plusieurs sortes, que nous ferons connaître à fur et à mesure. On l'appelait autrefois *règle d'or*, pour mieux exprimer le prix qu'on y attachait, à raison de sa grande utilité. En effet, c'est celle dont l'application est la plus générale, et qui sert à résoudre les problèmes les plus épineux de l'arithmétique. Nous allons commencer par la règle de trois simple et directe.

1er EXEMPLE.

3. *Prendre l'intérêt de* 15000 *francs pour un an, à raison de* 5 *pour cent l'an* (*). (5 pour cent s'écrit ainsi : 5 p. $\frac{0}{0}$.)

Cet énoncé, usité dans le commerce, n'est que l'expression abrégée de cette question : *Cent francs produisant* 5 *francs d'intérêt pendant un an, combien* 15000 *francs en produiront-ils pendant le même temps?*

Cette règle de trois est simple, en ce qu'il n'y a que quatre quantités qui en fassent partie; et directe, en ce que, de sa nature, les deux quantités qui ont pour objet les capitaux croissent ou décroissent directement dans le

(*) L'année commerciale, nous le répétons, est composée de 360 jours, et par conséquent le mois est de 30 jours.

même rapport que les deux autres qui ont pour objet les intérêts ; c'est-à-dire que si le second capital était le double, le triple, le quadruple, etc., du premier, l'intérêt de ce second capital serait aussi le double, le triple, le quadruple, etc., de l'intérêt du premier ; et que si ce second capital n'était au contraire que la moitié, le tiers, le quart, etc., du premier, l'intérêt de ce second capital ne serait non plus que la moitié, le tiers, le quart, etc., de l'intérêt du premier. Ainsi, dans la règle de trois directe, les quantités homogènes sont toujours en raison directe de leurs quantités relatives, ou, en d'autres termes, leur sont directement proportionnelles ; de sorte que *l'une de ces quantités homogènes et sa relative peuvent former alternativement les deux antécédents ou les deux conséquents de la proportion.*

Je dois donc trouver l'intérêt des 15000 francs dans le 4e terme de la proportion suivante :

$$\overset{\text{cap.}}{100 \text{ fr.}} : \overset{\text{cap.}}{15000 \text{ fr.}} :: \overset{\text{intérêt}}{5} : \overset{\text{intérêt}}{x} = 750 \text{ fr.}$$

En multipliant les deux moyens ensemble, et en divisant par l'extrême connu, on trouve pour résultat et réponse à la question, 750 fr.

De la règle de trois simple et inverse.

2e EXEMPLE.

4. *Un capital de* 6000 *francs a produit une certaine somme d'intérêt pendant* 42 *jours : on demande en combien de jours un autre capital de* 36000 *francs produira la même somme d'intérêt?*

Cette règle de trois est simple, en ce qu'il n'y a que quatre quantités qui en fassent partie ; et inverse, en ce que, de sa nature, les quantités qui ont pour objet les capitaux croissent ou décroissent dans un ordre tout opposé à celui des deux autres qui ont pour objet les jours; c'est-à-dire que si le second capital était le double, le triple , le quadruple , etc., du premier, le nombre de jours correspondant à ce même second capital ne serait que la moitié, le tiers, le quart, etc., de celui correspondant au premier capital ; et que si ce second capital n'était au contraire que la moitié, le tiers, le quart, etc., du premier, le nombre de jours qui y serait relatif serait le double, le triple, le quadruple, etc., de celui correspondant au premier. Ainsi, dans la règle de trois inverse, les quantités homogènes sont toujours en raison inverse de leurs quantités relatives, ou, en d'autres termes, leur sont réciproquement proportionnelles ; de sorte que *l'une de ces quantités homogènes et sa relative doivent former les extrêmes, et l'autre et sa relative les moyens de la proportion.*

Par conséquent, je devrai trouver le nombre de jours demandé dans le 4e terme de cette proportion,

$$36000 \text{ fr.} : 6000 \text{ fr.} :: 42 \text{ jours} : x,$$

qui, par la division de ses deux premiers termes d'abord par 1000 et puis par 6, se réduit à celle-ci :

$$6 \text{ fr} : 1 \text{ fr.} :: 42 \text{ jours} : x = 7 \text{ jours}.$$

En multipliant les deux moyens ensemble, et en divisant par l'extrême connu, on trouve pour résultat et réponse à la question, 7 jours.

De la règle de trois composée et directe.

3e EXEMPLE.

5. *Prendre l'intérêt de* 10000 *francs pour* 450 *jours, à raison de* $\frac{1}{2}$ *p.* $\frac{0}{0}$ *par* 30 *jours.* (*Par* 30 *jours* s'écrit ainsi : par 30/j.)

Cet énoncé, usité dans le commerce, n'est que l'expression abrégée de cette question :

Cent francs ont produit la moitié d'un franc d'intérêt pendant 30 *jours : combien produiront à proportion* 10000 *francs pendant* 450 *jours ?*

2.

L'intérêt demandé dépend de deux choses, savoir : du capital désigné, et du nombre de jours relatifs. Or, les jours ne sont que des quantités accessoires à ces capitaux dans les deux différents termes de la question. Il ne s'agit donc que de simplifier ces termes, en y établissant parité de circonstances; et j'y parviendrai en partant des considérations suivantes; je dirai :

1° Cent francs, demeurant à l'intérêt pendant 30 jours, ne produiront que le même intérêt que produiraient 30 fois 100 francs, ou 3000 francs pendant un jour.

2° De même, l'intérêt de 10000 francs pendant 450 jours, ou l'intérêt de 450 fois 10,000 francs, c'est-à-dire de 4,500,000 francs pendant un jour, n'est qu'une seule et même chose.

Au moyen de cette simplification des termes, qui s'opère en multipliant les quantités principales par leurs quantités accessoires, cette règle de trois composée est ramenée à une règle de trois simple et directe, semblable à celle du 1er exemple, puisque la question est changée en celle-ci : *Trois mille francs ont produit ½ franc d'intérêt pendant un jour : combien en produiront à proportion 4,500,000 francs pendant le même temps?* Et, comme les capitaux sont directement proportionnels aux intérêts relatifs, je dois trouver l'intérêt demandé, dans le 4e terme de cette proportion,

$$\overset{\text{cap.}}{3000 \text{ fr.}} : \overset{\text{cap.}}{4{,}500{,}000 \text{ fr.}} :: \overset{\text{intérêt}}{\tfrac{1}{2} \text{ fr.}} : x,$$

qui, par la division de ses deux premiers termes d'abord par 1,000 et puis par 3, se réduit à celle-ci :

$$1 : 1500 :: \tfrac{1}{2} : x = 750 \text{ francs.}$$

Ce 4e terme est 750 fr. C'est l'intérêt de 10000 fr. pour 450 jours, à raison de ½ p. % par 30/j.

De la règle de trois composée et inverse.

4e EXEMPLE.

6. *On demande quel est le nombre de jours d'intérêt qui, sur* 10,000 *francs au taux de* ½ *p.* % *par* 30 *jours, équivaut à* 360 *jours d'intérêt sur* 15,000 *francs, au taux de* $\frac{5}{12}$ *p.* % *par* 30 *jours?*

Si le taux d'intérêt était le même dans les deux cas, cette question ne donnerait lieu qu'à une règle de trois inverse et simple, semblable à celle du 2e exemple. Mais comme ce taux est différent, et qu'il n'est lui-même qu'une quantité accessoire relativement aux capitaux, il est bien facile de ramener la question à cette hypothèse, en raisonnant d'après la même analogie que dans l'exemple précédent.

En effet, 10000 francs demeurant à l'intérêt pendant 30 jours, à $\frac{1}{2}$ p. $\frac{0}{0}$, ne produiront que le même intérêt que produirait pendant le même temps la moitié de 10000 francs, c'est-à-dire 5000 francs à 1 p. $\frac{0}{0}$.

De même 15000 francs à $\frac{5}{12}$ p. $\frac{0}{0}$ par 30 jours, ou les $\frac{5}{12}$ de 15,000 francs, c'est-à-dire 6250 francs à 1 p. $\frac{0}{0}$ par 30 jours, ne sont qu'une seule et même chose.

Dès-lors cette règle de trois composée est ramenée à une règle de trois simple et inverse, semblable à celle du second exemple, puisque la question est changée en celle-ci : *Quel est le nombre de jours d'intérêt qui, sur* 5000 *francs, équivaut à* 360 *jours sur* 6250 *francs?* et, comme les capitaux sont en raison inverse des jours, c'est-à-dire qu'ils leur sont réciproquement proportionnels, je dois trouver le nombre de jours demandé, dans le 4e terme de la proportion suivante :

$$\overset{\text{cap.}}{5000 \text{ fr.}} : \overset{\text{cap.}}{6250 \text{ fr.}} :: 360 \text{ jours} : x,$$

qui, par la division de ses deux premiers termes d'abord par 10 et puis par 125, devient

$$4 \text{ fr.} : 5 \text{ fr.} :: 360 : x,$$

et qui, par la division de ses deux antécédents par 4, est réduite à son tour à celle-ci :

$$1:5::90:x=450 \text{ jours.}$$

Ce 4e terme, qui est 450 jours, est le nombre qui satisfait à la question.

Les exemples 1er et 3e servent de preuve à celui-ci.

En effet, nous avons vu dans le premier, que l'intérêt de 15000 francs pendant 360 jours à 5 p. % l'an (ce qui fait $\frac{5}{12}$ p. % par 30/j.), était de........................ 750 francs :

Et nous venons de voir dans le précédent, que l'intérêt de 10000 francs pendant 450 jours à $\frac{1}{2}$ p. % par 30/j., était aussi des mêmes... 750 francs.

Notions préliminaires sur l'application des règles d'alliage aux monnaies et aux matières d'or et d'argent.

7. L'expérience ayant fait reconnaître l'avantage d'employer du cuivre dans la fabrication des monnaies d'or et d'argent, qui, dans l'origine, étaient de métal pur, il en résulte que toutes ces monnaies contiennent plus ou moins d'alliage, et que par conséquent leur poids se compose de deux éléments différents : le premier est la matière pure (*), qui sert à déter-

(*) *Métal pur, matière pure, parties* ou *portions de fin*,

miner le *titre;* et le second, la portion de métal qui en forme l'alliage.

8. Le titre n'est donc autre chose que le degré de pureté d'une masse quelconque d'or ou d'argent. Par conséquent, plus le titre est haut, plus le degré de pureté est grand; et plus le titre est bas, plus il y a d'alliage, et moins le degré de pureté est grand.

9. Le titre de l'or, c'est-à-dire l'or pur, se divisait autrefois en 24 karats, et le karat en $\frac{32}{32}$; et le titre de l'argent, c'est-à-dire l'argent pur, se divisait en 12 deniers, et le denier en $\frac{24}{24}$. Les 32èmes pour l'or et les 24èmes pour l'argent s'appelaient *grains de fin* pour les distinguer des *grains de poids* (*).

Aujourd'hui le titre de l'or et de l'argent pur est soumis à la même échelle de numération décimale, c'est-à-dire qu'il se divise en 10 parties ou $\frac{1000}{1000}$.

10. L'or monnayé étant autrefois en France

---

ou tout simplement le *fin*, sont des expressions différentes qui ont toutes le même sens; tout comme les *parties* ou *portions de l'alliage*, ou *le cuivre*, ne signifient non plus que la même chose.

(*) C'est de la même manière que la plupart des nations de l'Europe divisent encore aujourd'hui le titre de l'or et de l'argent. Mais les subdivisions du karat et du denier sont différentes chez quelques-unes d'entre elles.

au titre de 22 karats, et l'argent monnayé à celui de 11 deniers, il en résultait que ces monnaies contenaient un 12e d'alliage de leur poids.

L'or et l'argent monnayé étant aujourd'hui au titre de $\frac{9}{10}$ ou $\frac{900}{1000}$ de fin, sur $\frac{1}{10}$ ou $\frac{100}{1000}$ d'alliage, il en résulte que les nouvelles monnaies contiennent un 10e d'alliage de leur poids.

Mais l'impossibilité physique d'obtenir un titre et un poids d'une exactitude parfaite, a engagé tous les gouvernements à autoriser un certain affaiblissement dans l'un et dans l'autre, qu'on appelait autrefois *remèdes*.

Cette tolérance varie suivant les divers pays. En France, elle a été fixée de la manière suivante, par la loi du 5 germinal an XI (28 mars 1803).

OR.

Sur le titre, 4 millièmes, dont 2 en dedans et 2 en dehors.

Sur le poids, 4 grammes par kil., dont 2 en dedans et 2 en dehors.

ARGENT.

Sur le titre, 6 millièmes, dont 3 en dedans et 3 en dehors.

Sur le poids, 6 grammes par kilog., dont 3 en dedans et 3 en dehors.

Il résulte de cette tolérance, qu'une pièce d'or

de 20 francs, qui, à la taille de 155 par kilog., devrait peser 6gram.,451, et contenir $\frac{900}{1000}$ d'or fin, est réputée pourtant de bonne fabrication au titre de 898 millièmes, et quoique ne pesant que 6gram.,439;

Et qu'une pièce d'argent de 5 francs, qui, à la taille de 40 par kilog., devrait peser 25 grammes et contenir $\frac{900}{1000}$ d'argent fin, est aussi admissible au titre de 897 millièmes seulement, et quoique ne pesant que 24gram.,925.

11. Le titre de l'or et de l'argent indique tout à la fois le degré de fin et celui de l'alliage.

Car quand je dis, par exemple, qu'un kilogramme d'or ou d'argent est au titre de 800 millièmes, cela veut dire qu'il contient 800 parties de fin contre 200 d'alliage; puisque l'échelle du titre étant de 1000, je n'ai qu'à retrancher les parties de fin de ce dernier nombre, pour avoir les parties d'alliage. Un kilogramme, à 800 millièmes de fin, contient par conséquent les $\frac{8}{10}$ de son poids en matière pure, et les $\frac{2}{10}$ seulement en alliage.

Une once d'or, au titre de 18 karats de fin, contient 18 parties de fin contre 6 d'alliage, puisque l'échelle de l'ancien titre étant de 24, je n'ai qu'à retrancher les parties de fin de ce dernier nombre, pour avoir les parties d'alliage. Par conséquent, une once d'or ou un poids quelconque d'or, au titre de 18 karats, contient les $\frac{18}{24}$ ou les $\frac{3}{4}$ de son poids en matière pure, et les $\frac{6}{24}$ ou le $\frac{1}{4}$ restant en cuivre.

De même un marc d'argent, au titre de 8 deniers, contient 8 parties de fin contre 4 d'alliage, puisque l'échelle de l'ancien titre étant de 12 deniers, je n'ai qu'à retrancher les parties de fin de ce dernier nombre pour avoir les parties d'alliage. Par conséquent, un marc d'argent ou un poids quelconque d'argent, au titre de 8 deniers, contient les $\frac{8}{12}$ ou les $\frac{2}{3}$ de son poids en matière pure, et les $\frac{4}{12}$ ou le $\frac{1}{3}$ restant en cuivre.

12. Dans l'ancien système, les deux échelles du titre n'ayant aucun rapport direct avec les divisions ordinaires des poids, il en résultait que, pour connaître la portion de matière pure ou de cuivre que contenait une certaine quantité d'or ou d'argent à un titre déterminé, il fallait employer des calculs différents, selon les diverses espèces de poids proposés.

Ainsi, pour connaître le poids, en matière pure, d'une once, d'un marc ou d'un poids quelconque d'or, au titre de 18 karats de fin, par exemple, il fallait prendre les $\frac{3}{4}$ d'une once, d'un marc, ou enfin du poids dont il s'agissait.

De même, pour connaître le poids, en matière pure, d'une livre, d'un marc ou d'un poids quelconque d'argent, au titre de 8 deniers de fin, par exemple, il fallait prendre les

$\frac{1}{3}$ d'une livre, d'un marc, ou enfin du poids dont il s'agissait.

13. L'application du système décimal aux monnaies a fait disparaître pour toujours tout cet échafaudage d'opérations, et permet de déterminer le rapport entre le titre et le poids sans le moindre calcul, puisque le millième de fin correspond toujours au millième de poids.

Ainsi, 1 kilogr. d'or ou d'argent, à 915 millièmes de fin, correspond à 915 grammes; c'est-à-dire qu'il contient 915 grammes de fin ou de métal pur; 1 hectogramme, à 915 millièmes de fin, correspond à 915 décigrammes, qui font 91 $\frac{1}{2}$ grammes. Enfin, 1 gramme d'or, à 915 milligrammes de fin, correspond à 915 milligrammes, et contient par conséquent 915 millgrammes ou 91 $\frac{1}{2}$ centigr. de métal pur. On voit qu'il n'y a absolument que le nom des unités à changer.

14. Il résulte de cette concordance parfaite entre le poids et le titre, que, pour savoir combien un lingot quelconque d'or ou d'argent, à n'importe quel titre, contient de matière pure, il suffit de multiplier le poids de ce lingot par son titre.

Si je veux savoir, par exemple, combien un lingot de 12 kilog. d'or ou d'argent, à 700 millièmes de fin, contient de métal pur, je multiplie 12 par 700 millièmes, et le produit $8^{kil.},400$

m'indique que le poids de ce lingot se réduit à $8^{kil.},400$ en matière pure, et que par conséquent il contient $3^{kil.},600$ de cuivre; puisque, comme nous venons de le voir (11), il ne s'agit que de retrancher les parties de fin du poids total (qui est ici 12 kilogr.), pour avoir les parties d'alliage.

Si j'avais voulu commencer par connaître le cuivre que contient ce lingot, comme le titre de 700 millièmes indique 300 millièmes d'alliage, j'aurais multiplié les 12 kilogr. par 300 millièmes, et j'aurais trouvé pour produit le même résultat $3^{kil.},600$ cuivre; d'où j'aurais conclu que ce lingot contenait $8^{kil.},400$ de fin, puisque pour avoir les parties de fin, il ne s'agit que de retrancher les parties d'alliage du poids total, qui est 12 kilogr. (12.)

De la règle d'alliage qui a pour objet de déterminer le titre moyen de l'or et de l'argent résultant d'une fonte.

EXEMPLE.

15. *On veut fondre ensemble* 12 *kilogrammes d'or ou d'argent à* 810 *millièmes,* 5 *kilogrammes à* 805 *millièmes,* $2^{kil.},220$ *à* 600 *millièmes,* 7 *hectogr. à* 750 *millièmes, et* 80 *grammes à* 700 *millièmes; on demande quel sera le titre moyen résultant du mélange.*

OPÉRATION.

kil.		milliém.		kil. fin.		
12,000	à	810	contient^{nt}.	9,720		
5,000	à	805	....	4,025	kil.	milliém.
2,220	à	600	....	1,332	$\frac{16,162}{20,000}$	$=808$ Rép^{se}.
0,700	à	750	....	0,525		
0,080	à	700	....	0,560		
kil.		milliém.		kil.		
20,000	à	808	contien^{nt}.	16,162 fin.		

Après avoir complété les décimales, j'ai opéré d'après le principe générique relatif à la règle d'alliage.

La raison de cette méthode est fondée sur ce que la somme des kilogrammes proposés est à un kilogramme de mélange, comme la somme de leurs titres est au titre moyen cherché; c'est-à-dire que

$$20 \text{ kil.} : 1 \text{ kil.} :: 16^{\text{kil.}},162 : x.$$

Ce qui fournit la règle générale suivante :

16. *Pour connaître le titre moyen résultant de la fonte de plusieurs lingots d'or ou d'argent de poids et de titres différents, il faut multiplier le poids de chaque lingot par son titre, et diviser la somme des produits par la somme des poids.*

De la règle d'alliage relative à l'élévation et à la réduction des titres.

17. Le moyen le plus court et le plus simple de résoudre tous les problèmes déterminés, relatifs à l'élévation et à la réduction des titres de l'or et de l'argent, repose sur ce principe invariable, savoir :

18. *Dans toutes les règles d'alliage des métaux, la quantité donnée et la quantité à ajouter sont entre elles en raison inverse de la différence de leurs titres respectifs avec le titre que l'on veut obtenir*, ou, en d'autres termes, la différence du titre demandé avec celui de la matière servant à l'alliage, est à la différence de ce même titre demandé avec le titre actuel, comme la quantité donnée est à la quantité à ajouter.

1er EXEMPLE.

19. *Combien faut-il ajouter de matière pure à* 12 *kilogrammes d'or ou d'argent à* 700 *millièmes de fin, pour en élever le titre à* 880 *millièmes?* Réponse, 18$^{kil.}$

OPÉRATION.

La différ^e. de 880, titre demandé, avec 1000, titre de la matière pure servant à l'alliage.. ....= 120 1re différ^e.

Celle de.... 880, titre demandé, avec 700, titre actuel................. = 180 IIe différe.

donc (18) 120 : 180 :: 12 : x = 18 kil.

PREUVE.

12kil. à.......	700 millièmes	=	8kil.,400 fin.
18 purs ou à 1000	id.	=	18, »
30kil. à.......	880 millièmes	=	26kil.,400 fin.

Pour être à même de faire l'application à cet exemple du principe générique qui vient d'être établi (18), je cherche d'abord la différence du titre demandé 880 millièmes avec 1000 millièmes, titre de la matière servant à l'alliage, différence qui est exprimée par 120 millièmes d'une part ; je cherche ensuite la différence de ce même titre demandé avec 700 millièmes titre actuel, différence qui est exprimée par 180 millièmes d'une autre part.

Puis, conformément au même principe (18), je forme une règle de trois inverse qui a pour premier terme la première différence ; pour second terme, la seconde différence ; pour troisième terme, la quantité proposée ; et dont le quatrième terme m'indique que 18 est bien le nombre de kilogrammes de matière pure qu'il faut ajouter aux 12 kilogrammes proposés, pour en élever le titre à 880 millièmes, comme on peut s'en convaincre par la preuve qui accompagne l'opération.

20. *Je suppose actuellement qu'au lieu d'élever les* 12 *kilogrammes proposés du titre de* 700 *millièmes à celui de* 880 *millièmes, en ajoutant de la matière pure, on veuille obtenir le même résultat, en ajoutant de la matière à un titre supérieur quelconque, à* 980 *millièmes, par exemple; combien, en pareil cas, faudra-t-il ajouter de kilogrammes à ce dernier titre?* Réponse, $21^{\text{kil.}},600$.

OPÉRATION.

La différ^{e}. de 880, titre demandé avec 980 titre de la matière servant à l'alliage. . . . . = 100. Ire différ^{e}.

Celle de 880, titre demandé avec 700, titre actuel. . . . . . . = 180. IIe id.

$$\text{donc (18) } 100 : 180 :: 12^{\text{kil.}} : x = 21^{\text{kil.}},600.$$

PREUVE.

$12^{\text{kil.}}$. . à 700 millièmes = 8,400 fin.
21,600 à 980 id. = 21,168

$33^{\text{kil.}},600$ à 880 millièmes = $29^{\text{kil.}},568$.

En opérant absolument comme dans l'exemple précédent, je trouve que, pour élever les 12 kilogrammes proposés au titre de 880 millièmes, il faut leur allier 21$^{kil.}$,600 à 980 millièmes de fin.

21. Lorsqu'il s'agit d'élever des matières d'or ou d'argent d'un titre quelconque à celui des monnaies nationales, en leur ajoutant de la matière pure; il résulte que le premier terme de la règle de trois fondamentale, dérivant du principe établi (18), étant invariablement 100, tout se borne à multiplier la quantité proposée par la différence de son titre avec 900, et à séparer deux chiffres sur la droite du produit.

2e EXEMPLE.

22. *Combien faut-il ajouter de cuivre à* 20 *kilogrammes d'or ou d'argent à* 850 *millièmes de fin, pour en réduire le titre à* 800 *millièmes?* Réponse, 1$^{kil.}$,250.

OPÉRATION.

La différ^{e}. de 800, titre demandé, avec 0, titre du cuivre servant à l'alliage = 800. Ire différ^{e}.

Celle de 800, titre demandé
avec 850, titre actuel....... = 50. IIe id.

donc (18) 800 : 50 :: 20$^{kil.}$: x = 1$^{kil.}$,250.

PREUVE.

20$^{kil.}$,... à 850 millièmes = 17$^{kil.}$, » fin.
1, 250 cuivre......... = » »

21$^{kil.}$,250 à 800 millièmes = 17$^{kil.}$, » fin.

Je pars d'abord de cette considération que le cuivre pur, ne contenant aucune partie d'or ni d'argent, est au titre de zéro relativement à ces deux métaux. Ensuite, pour être à même de faire l'application à cet exemple du principe générique établi (18), je cherche d'abord la différence du titre demandé 800 millièmes avec o, titre de la matière servant à l'alliage, différence qui n'est autre chose que le titre même demandé d'une part; je cherche encore la différence de ce dernier titre avec le titre actuel 850 millièmes, différence qui est exprimée par 50 millièmes d'une autre part.

Puis, conformément au même principe (18), je forme une règle de trois inverse, qui a pour premier terme la première différence; pour second terme, la seconde différence; pour troisième terme, la quantité proposée; et dont le quatrième terme $1^{kil.}$,250, m'indique que c'est bien là le nombre de kilogrammes de cuivre qu'il faut ajouter aux 20 kilogrammes proposés, pour en réduire le titre à 800 millièmes, comme on peut s'en convaincre par la preuve qui accompagne l'opération.

23. *Je suppose actuellement qu'au lieu de réduire les* 20 *kilogrammes du titre de* 850 *millièmes à celui de* 800 *millièmes, en ajoutant du cuivre, on veuille obtenir le même résultat, en ajoutant de la matière à un titre inférieur quel-*

conque, à 650 millièmes par exemple; combien en pareil cas faudra-t-il ajouter de kilogrammes à ce dernier titre? Réponse, 6kil.,667.

OPÉRATION.

La différ^{e}. de 800, titre demandé, avec 650, titre des matières servant à
l'alliage. $=$ 150. Ire différ^{e}.
Celle de 800, titre demandé,
avec 850, titre actuel. . . . . . . $=$ 50. IIe id.

donc (18) 150 : 50 :: 20$^{kil.}$: x $=$ 6$^{kil.}$,667.

PREUVE.

20$^{kil.}$,...	à 850 millièmes	$=$ 17$^{kil.}$,...	fin
6 ,667	à 650 id.	$=$ 4 ,334	
26$^{kil.}$,667	à 800 millièmes	$=$ 21$^{kil.}$,334.	

En opérant absolument comme dans le n° 19 (ce qui me dispense de répéter le narré de l'opération), je trouve que, pour réduire les 20 kilogrammes proposés du titre de 850 millièmes à celui de 800 millièmes, il faut ajouter 6$^{kil.}$,667 à 650 millièmes de fin.

24. Lorsqu'il s'agit de réduire des matières d'or ou d'argent d'un titre quelconque à celui des monnaies nationales, en ajoutant du cuivre, il résulte que le premier terme de la règle de trois fondamentale, dérivant du principe éta-

bli (18), étant invariablement 900, tout se borne à multiplier la quantité proposée par la différence de son titre avec 900, à prendre le neuvième de ce produit, et à séparer ensuite deux chiffres sur la droite.

3e EXEMPLE.

25. *Combien d'or fin faut-il ajouter à 10 marcs au titre de 20 karats, pour les élever à celui de 23 karats?* Réponse, 30 marcs.

La différ^e. de 23 karats, titre demandé, avec 24 karats, titre de l'or fin servant à l'alliage.............. $= \frac{1}{24}$. Ire différ^e.

Celle de 23 karats, titre demandé, avec 20 karats, titre actuel.................... $= \frac{3}{24}$. IIe id.

donc (18) $1/24 : 3/24 :: 10$ marcs $: x = 30$ marcs.

En opérant d'après le principe établi (18), je trouve qu'il faut ajouter 30 marcs d'or fin pour satisfaire à la question.

4e EXEMPLE.

26. *Combien d'argent fin faut-il ajouter à 15 marcs d'argent au titre de 10 deniers de fin, pour les élever à celui de 11 deniers?* Réponse, 15 marcs.

La différ^e. de 11 den., titre demandé, avec 12 den., titre de l'argent fin servant à l'alliage........................$=\frac{1}{12}$. Ire différ^e^.

Celle de 11 den., titre demandé, avec 10 deniers, titre actuel......................$=\frac{1}{12}$. IIe id.

$$\text{donc } 1/\cancel{12} : 1/\cancel{12} :: \overset{\text{marcs}}{15} : x = \overset{\text{marcs.}}{15}$$

En opérant d'après le principe établi (18), je trouve qu'il faut ajouter 15 marcs d'argent fin pour satisfaire à la question.

5e EXEMPLE.

27. *Combien de cuivre faut-il ajouter à 30 marcs d'or au titre de 22 karats, pour les réduire à celui de 20 karats?* Réponse, 3 marcs.

La différ^e^. de 20 karats, titre demandé, avec 0, titre du cuivre servant à l'alliage................$=$20 kar. Ire différ^e^.

Celle de 20 karats, titre demandé, avec 22 karats, titre actuel..............$=$ 2 id. IIe id.

$$\text{donc (18) } 20 : 2 :: \overset{\text{marcs}}{30} : x = \overset{\text{marcs.}}{3}.$$

En opérant d'après le principe établi (18), je trouve qu'il faut ajouter 3 marcs de cuivre pour satisfaire à la question.

6e EXEMPLE.

28. *Combien faut-il ajouter de marcs de cuivre*

à 25 marcs d'argent au titre de 11 deniers de fin, pour les réduire à celui de dix deniers? Réponse, 2 marcs 4 onces.

La différence de 10 den., titre demandé, avec o, titre du cuivre servant à l'alliage.............. = 10 den. Ire différe.

Celle de 10 den., titre demandé, avec 11 den., titre actuel.............. = 1 id. IIe id.

donc (18) 10 : 1 :: 25 marcs : x = 2 marcs. 4 onces.

En opérant d'après le principe établi (18), je trouve qu'il faut ajouter 2 marcs 4 onces de cuivre pour satisfaire à la question.

29. Dans l'ancien système, non-seulement il fallait une opération pour l'or et une autre pour l'argent, mais ces opérations étaient la plupart du temps très-compliquées. Si l'on ne s'aperçoit pas de ce dernier inconvénient dans les quatre derniers exemples qui s'y rapportent, c'est que nous avons eu soin de ne choisir que des poids et des titres sans fractions, et qui n'entraînassent par conséquent que des calculs simples.

L'application du système décimal aux monnaies, en rendant commune l'échelle du titre de l'or et de l'argent, et surtout en établissant une correspondance parfaite entre le millième de titre et de poids, non-seulement dispense de cette double opération, mais réduit tous les calculs relatifs aux monnaies au plus grand état de simplicité dont ils fussent susceptibles.

Le résumé de ce qui précède (17 à 29) fournit la règle générale suivante.

30. *Pour connaître quelle est la portion de matière pure, de cuivre, ou de matière à un titre quelconque, qu'il faut ajouter à une certaine quantité d'or ou d'argent, pour en élever ou réduire le titre à volonté, il faut :*

1° Chercher la différence du titre demandé avec le titre de la matière servant à l'alliage; 2° la différence de ce même titre demandé avec le titre actuel.

On formera ensuite une règle de trois qui, conformément au principe établi (18), *aura pour premier terme la première différence, pour second terme la deuxième différence, et pour troisième terme la quantité donnée.*

Par conséquent, l'opération se réduit à multiplier d'abord la quantité proposée par la différence de son titre avec celui que l'on veut obtenir, et à diviser ensuite ce produit par la différence de ce même titre demandé avec le titre de la matière qui sert à l'alliage. (Voyez l'application de ce principe, n°s 19, 20, 23, 25 et 26.)

Nota. Toutes les fois qu'il s'agit de réduire

le titre de l'or et de l'argent, en ajoutant du cuivre, ce dernier métal étant au titre de zéro relativement aux deux premiers, il en résulte que tout se borne à multiplier la quantité proposée par la différence de son titre avec celui que l'on veut obtenir, et à diviser le produit par ce dernier titre. Le quatrième terme servira de réponse à la question. (Voyez l'application de ce principe, nos 22, 27 et 28.)

7e EXEMPLE.

31. *On veut fondre ensemble les lingots d'or ou d'argent des poids et titres suivants, et élever le titre de la fonte à 950 millièmes de fin; on demande combien il faut y ajouter de matière pure?* Réponse, 53kil.,380.

OPÉRATION.

6,660 à 917 = 6,107
7,540 à 892 = 6,726
5,480 à 850 = 4,658
11,720 à 825 = 9,669

$\frac{27,160 \text{ kil.}}{31,400 \text{ kil.}} = 865$ milliém. Titre moy.

31,400 kil. contenant 27,160 kil. fin.

La différe. de 950, titre demandé, avec 1000, titre de la matière pure servant à l'alliage.................... = 50. 1re différe.

Celle de 950, titre demandé, avec 865, titre moyen......... = 85. IIe id.

donc (18) $50:85::\overset{\text{kil.}}{31,400}:x=\overset{\text{kil.}}{53,380}$.

Après avoir trouvé, d'après ce qui a été prescrit (16), que le titre moyen de la fonte est 865 millièmes, la question se réduit a élever 31kil.,400 du titre de 865 millièmes à celui de 950 millièmes; et alors, en opérant d'après le principe établi (18), je trouve que, pour élever le titre de la fonte à 950 millièmes, il faut ajouter 53kil.,380 de matière pure.

32. On peut, si l'on veut, se dispenser de chercher le titre moyen, et abréger même le calcul, en opérant de la manière suivante, qui va nous servir en même temps de preuve.

kil. 31,400	au titre demandé de 950 millièmes devraient contenir en matière pure.	29,830
	aux divers titres donnés, ils n'en contiennent réellement que.	27,160
	donc, il y a un déficit de fin de.	kil. 2,670

$50:1000::\overset{\text{kil.}}{2,670}:x=\overset{\text{kil.}}{53,400}$ (*) fin à ajouter.

Après avoir retranché les parties de fin que

(*) La différence de 20 grammes en moins, ici, vient de ce qu'en opérant par décimales, on ne peut jamais avoir des résultats rigoureusement justes, surtout quand on ne pousse passe l'exactitude au-delà des millièmes.

contiennent les $31^{kil.},400$ proposés, des parties de fin qu'ils contiendraient s'ils étaient au titre demandé de 950 millièmes, je trouve un déficit de fin de $2^{kil.},670$; ensuite, je détermine la quantité de fin qu'il faut ajouter, au moyen d'une simple règle de trois qui, dans tous les cas semblables, doit, comme dans celui-ci, avoir pour premier terme la différence du titre demandé avec le titre de la matière pure; pour second terme, le titre de la matière pure; et pour troisième terme, le déficit trouvé : le quatrième terme servira de réponse à la question.

33. *Je suppose actuellement qu'au lieu d'ajouter de la matière pure pour élever le titre de la fonte à 950 millièmes, on veuille obtenir le même résultat, en ajoutant de la matière à un titre supérieur quelconque, à 970 millièmes de fin par exemple; combien, en pareil cas, faudra-t-il ajouter de kilogrammes à ce dernier titre?* Réponse, $133^{kil.},450$.

Comme je connais le titre moyen de la fonte, qui est 865 millièmes, je me dispense de le chercher; et puis, j'opère de la manière suivante, et d'après le principe établi (18) :

La différ^e. de 950, titre demandé, avec 970, titre de la matière servant à l'alliage.................... = 20. Ire différ^e.

Celle de 950, titre demandé, avec 865, titre moyen....... = 85. IIe id.

donc (18) $20:85::31^{kil.},400:x=133^{kil.},450$.

Je trouve alors que, pour élever le titre de la fonte à 950 millièmes, il faut y ajouter 133$^{kil.}$,450, au titre de 970 millièmes de fin.

PREUVE.

31$^{kil.}$,400 à 865 millièmes	=	27$^{kil.}$,160 fin
133 ,450 à 970 id.	=	129 ,447
164$^{kil.}$,850 à 950 millièmes	=	156$^{kil.}$,607 fin.

8e EXEMPLE.

34. *On veut fondre ensemble les lingots d'or ou d'argent des poids et titres suivants, et réduire le titre de la fonte à 800 millièmes; on demande combien il faut ajouter de cuivre pur.* Réponse, 2$^{kil.}$,089.

OPÉRATION.

kil.		millièm.		kil. fin		
3,475	à	900	=	3,127	kil. 25,761 / kil. 30,110 = 855 ½ millièmes.	Titre moyen.
15,730	à	867	=	13,638		
4,325	à	840	=	3,633		
6,580	à	815	=	5,363		

kil. 30,110 conten. kil. 25,761 fin.

La différe. de 800, titre demandé, avec 0, titre du cuivre servant à l'alliage........................ = 800. Ire différe.

Celle de 800, titre demandé, avec 855 ½, titre moyen..... = 55 ½. IIe id.

$$\text{donc (18) } 800 : 55\tfrac{1}{2} :: \overset{\text{kil.}}{30,110} : x = \overset{\text{kil.}}{2,089}.$$

Après avoir trouvé, d'après ce qui a été prescrit (16), que le titre moyen de la fonte est 855 ½ millièmes, la question revient à réduire les 30kil.,110 proposés, du titre de 855 ½ millièmes à celui de 800 millièmes; et alors, en opérant d'après le principe établi (18), je trouve qu'il faut ajouter 2kil.,089 de cuivre, pour réduire le titre de la fonte à 800 millièmes.

35. On peut, si l'on veut, se dispenser de chercher le titre moyen, et abréger même le calcul, en opérant de la manière suivante, qui va nous servir en même temps de preuve.

fin des lingots..	kil. 25,761	= kil. 32,201
titre demandé..	0,800	
à déduire............		30,110 poids donné.
Réponse............		kil. 2,091 (*) cuivre à ajout.

(*) Même observation pour les deux grammes de moins, ici, que pour les 20 grammes de moins de l'exemple précédent.

Il ne s'agit tout simplement que de diviser, par le titre demandé, le total des parties de fin contenues dans le poids total des matières soumises à l'opération de la fonte, et à déduire du quotient ce poids total. La différence indique la portion de cuivre qu'il faut ajouter, pour réduire la fonte au titre demandé. Cette manière d'opérer est applicable à tous les problèmes de la même nature.

36. *Je suppose actuellement qu'au lieu d'ajouter du cuivre pour réduire le titre de la fonte à* 800 *millièmes, on veuille ajouter des matières à un titre inférieur quelconque, à* 660 *millièmes de fin par exemple; combien, en pareil cas, faudra-t-il ajouter de kilogrammes à ce dernier titre?*

Comme je connais le titre moyen de la fonte, qui est 855 $\frac{1}{2}$ millièmes, je me dispense de le chercher; et puis, j'opère de la manière suivante, et d'après le principe établi (18).

La differ^e. de 800, titre demandé, avec 660, titre de la matière servant à l'alliage.................... = 140. Ire differ^e.

Celle de 800, titre demandé, avec 855 $\frac{1}{2}$, titre moyen.... = 55 $\frac{1}{2}$. IIe id.

$$\text{donc (18) } 140 : 55\tfrac{1}{2} :: 30{,}110^{\text{kil.}} : x = 11{,}936^{\text{kil.}}$$

Je trouve alors que, pour réduire le titre de la

fonte à 800 millièmes, il faut y ajouter 11$^{kil.}$,936 à 660 millièmes de fin.

PREUVE.

30$^{kil.}$,110 à 855 $\frac{1}{2}$	millièmes	= 25$^{kil.}$,759 fin
11 ,936 à 660	id.	= 7 ,878
42$^{kil.}$,046 à 800	millièmes	= 33$^{kil.}$,637 fin.

37. Dans ces deux derniers exemples, nous avons supposé tous les lingots proposés à des titres inférieurs à celui auquel on voulait élever la fonte, ou bien à des titres supérieurs à celui auquel on voulait la réduire. Mais, lorsque ces lingots sont à des titres inférieurs et supérieurs à celui auquel on veut porter le titre de la fonte, l'opération est absolument la même, et l'on retombe toujours dans le même cercle.

Car si le titre moyen, par exemple, se trouve au-dessus de celui auquel on veut porter la fonte, il ne reste qu'à chercher quelle est la portion de cuivre, ou de matière à un titre inférieur quelconque, qu'il faut ajouter, pour réduire ce titre moyen au titre demandé; ce qu'on déterminera d'après le principe unique établi (18), et en opérant comme aux n°s 34 et 36.

Si le titre moyen, au contraire, se trouve au-dessous du titre auquel on veut porter la fonte, il ne reste qu'à chercher quelle est la portion de matière pure, ou de matière à un titre supérieur quelconque, qu'il faut ajouter, pour élever le titre moyen au titre demandé; ce qu'on déterminera, toujours d'après le principe unique établi (18), et en opérant comme aux n°s 31 et 33.

Le résumé de ce qui précède (31 à 37) fournit la règle générale suivante :

38. *Lorsqu'on veut fondre ensemble plusieurs lingots d'or ou d'argent, de poids et de titres différents, et qu'on veut connaître quelle est la portion de matière pure, de cuivre, ou de matière à un titre quelconque, qu'il faut ajouter, pour élever ou réduire à volonté le titre de la fonte, il faut :*

1° *Chercher la différence du titre demandé avec le titre de la matière servant à l'alliage;* 2° *la différence de ce même titre demandé avec le titre moyen.*

On formera ensuite une règle de trois inverse qui, conformément au principe établi (18), *aura pour premier terme, la première différence; pour second terme, la seconde différence; et pour troisième terme, la somme des poids des lingots proposés : le quatrième terme servira de réponse à la question.*

Par conséquent, l'opération se réduit à multiplier d'abord la somme des poids proposés, par la différence de leur titre moyen avec le titre demandé, et à diviser ensuite ce produit par la différence de ce même titre demandé avec celui de la matière qui sert à l'alliage. (Voyez l'application de ce principe nos 31, 33 et 36.)

Nota. Toutes les fois qu'il s'agit de réduire le titre de la fonte, en ajoutant du cuivre, ce dernier métal étant au titre de zéro, relativement à l'or et à l'argent, il en résulte que tout se borne à multiplier la somme des poids proposés par la différence de leur titre moyen avec le titre demandé, et à diviser le produit par ce dernier titre. Le quotient servira de réponse à la question. (Voyez l'application de ce principe, n° 34.)

Problèmes indéterminés.

1er EXEMPLE.

39. *Un orfèvre a des matières d'or ou d'argent au titre de* 950 *millièmes, de* 870 *millièmes, de* 800 *et de* 760 *millièmes; il voudrait, en les fondant ensemble, obtenir un mélange au titre de* 830 *millièmes; dans quels rapports doit s'opérer ce mélange?*

							kil.
950	830	70 kil.	à 950	mill.	=	6,650
870		30 »	à 870	id.	=	2,610
800		40 »	à 800	id.	=	3,200
760		120 »	à 760	id.	=	9,120
		26 kil.	à 830	mill.	=	kil. 21,580

Pour faire 26 kilogrammes à 830 millièmes, il faut mêler 7 kilogrammes à 950 millièmes, 3 kilogrammes à 870 millièmes, 4 kilogrammes à 800 millièmes, et 12 kilogrammes à 760 millièmes.

Je dispose d'abord tous les titres sur une même colonne verticale, en commençant par le titre supérieur, et en continuant dans le même ordre. Ensuite, je cherche la différence du titre demandé 830 avec le titre le plus élevé 950, et je porte cette différence qui est 120, vis-à-vis le titre le plus bas qui est 760; je porte de même la différence 70 du titre demandé avee le plus bas 760, vis-à-vis le titre le plus élevé 950. Je cherche encore la différence de 830 avec 870, titre qui vient immédiatement après le titre supérieur 950, et je porte cette différence 40, vis-à-vis 800, titre le plus voisin du titre le plus bas. Je porte pareillement la différence 30 de 830 avec ce même titre 800, vis-à-vis 870, et je continuerais de la même manière, s'il y avait un plus grand nombre de titres.

Ainsi, quel que soit le nombre des quantités qui entrent dans le mélange, quand ce nombre est pair, et que le prix demandé est intermédiaire entre les prix excédents et les prix défaillants, tel est le procédé générique pour résoudre ces questions de la manière la plus simple et qui offre le plus de convenance dans la pratique, en ce qu'il se prête mieux à la variété des combinaisons pour les mélanges. Car toutes les fois qu'il s'agit de plus de deux quantités, ces sortes de problèmes sont indéterminés; c'est-à-dire qu'ils sont susceptibles d'un nombre indéfini de solutions différentes.

40. On peut ramener ces problèmes à un mode unique de solution, en opérant de la manière suivante :

Titres supérieurs.	1 kil. à 950 1 id. à 870	$\frac{1820}{2}$	= 910 mill. *Titre moyen.*
	2 kil.		

Titres inférieurs.	1 kil. à 800 1 kil. à 760	$\frac{1560}{2}$	= 780 mill. *id.* *id.*
	2 kil.		

			kil.			kil.
910	830	50 kil. dont	2 1/2	à 950	=	2,375
			2 1/2	à 870	=	2,175
780		80 id. dont	4 »	à 800	=	3,200
			4 »	à 760	=	3,040
			13 kil.	à 830	=	kil. 10,790

Après avoir trouvé 910 millièmes pour titre moyen de toutes les matières au-dessus du titre demandé 830 millièmes d'une part, et 780 millièmes pour titre moyen de toutes celles au-dessous du même titre demandé de l'autre, la question se trouve assimilée à celle-ci : *Un orfèvre a des matières au titre de* 910 *et de* 780 *millièmes, quelle quantité doit-il prendre de chacune pour former un mélange au titre de* 830 *millièmes?*

En opérant d'après le procédé générique relatif aux règles d'alliage, je trouve que, pour atteindre son but, il doit mêler 5 kilogrammes à 910 millièmes avec 8 kilogrammes à 780 millièmes.

Actuellement, pour trouver le nombre de kilogrammes de chaque titre supérieur qui doit faire partie du mélange, je n'ai qu'à substituer aux 5 kilogrammes à 910 millièmes, 2 $\frac{1}{2}$ kilogrammes à 950 millièmes, et 2 $\frac{1}{2}$ kilogrammes à 870, puisque ce titre moyen 910 millièmes répond à 1 kilogramme à chacun de ces deux derniers titres.

Pareillement et toujours par la même raison; pour trouver le nombre des kilogrammes de chaque titre inférieur qui doit faire partie du mélange, je n'ai qu'à substituer aux 8 kilogrammes à 780 millièmes, 4 kilogrammes à 800 millièmes et 4 kilogrammes à 760 millièmes.

Par ce moyen, toutes les matières entrent dans le mélange, il est vrai; mais toutes celles des titres supérieurs n'y entrent que pour une seule et même quantité, et il en est de même de toutes les matières des titres inférieurs.

Ce dernier procédé offre l'avantage de combiner le mélange des matières dans des rapports déterminés; c'est-à-dire, de faire dominer dans la fonte certaines quantités, dans telle proportion que l'on voudra.

Ainsi, si je veux ménager dans cette fonte les matières à 950 et à 800 millièmes, à l'égard des matières à 870 et à 760 millièmes, dans un rapport quelconque, par exemple, dans celui de 1 à 2; c'est-à-dire, si je veux qu'il n'entre dans le mélange que 1 kilogramme à 950 millièmes contre 2 à 870, et 1 kilogramme à 800 millièmes contre 2 à 760; voici comment j'opère :

1 kil. a	0,950		
2 » à 870 =	1,740	$\frac{2,690}{3}$ =	897 millièm. *Titre moyen.*
3 kil.			

1 kil. à	0,800		
2 » à 760 =	1,520	$\frac{2,320}{3}$ =	773 millièm. *Idem.*
3 kil.			

			kil.			kil.
897	830	57 kil. dont	19	à	950 =	18,050
			38 »	à	870 =	33,060
773		67 id. dont	22,333	à	800 =	17,866
			44,667	à	760 =	33,947
		kil. 124	kil. 124,000	à	830 =	kil. 102,923.

Dans la formation des titres moyens, je subordonne d'abord la quantité des matières qui doivent en faire partie aux conditions de la question. Par ce moyen, elle se trouve assimilée à celle où il s'agirait de former un mélange au titre de 830 millièmes, avec des matières à 897 et à 773 millièmes.

En opérant, d'après le procédé générique relatif aux règles d'alliage, je trouve qu'il faut mêler 57 kilogrammes à 897 millièmes avec 67 kilogrammes à 773 millièmes.

Dès lors, pour avoir les quantités relatives aux titres 950 et 870 millièmes qui doivent faire partie du mélange, il ne s'agit plus que de partager 57 kilogrammes en parties proportionnelles aux nombres 1 et 2; et pour connaître les quantités relatives aux titres 800 et 760 millièmes, il ne s'agit pareillement que de partager 67 kilogrammes en parties proportionnelles aux nombres 1 et 2 aussi, comme nous l'avons fait.

2e EXEMPLE.

41. *Un orfèvre veut avoir 15 kilogrammes d'or ou d'argent à 830 millièmes, en fondant ensemble des matières à 950, à 870, à 800 et à 760 millièmes; on demande quelle est la quantité qu'il doit fondre de chacune de ces diverses matières pour atteindre son but.*

Dans toutes les questions de ce genre, il faut opérer d'abord comme si le nombre de kilogrammes n'était pas déterminé; c'est-à-dire commencer par chercher purement et simplement les rapports relatifs aux titres dans lesquels doit s'opérer le mélange.

Dans cette occasion, nous sommes dispensés de cette recherche, puisque nous venons de voir dans l'exemple précédent que, pour avoir 26 kilogrammes à 830 millièmes, il faut fondre ensemble 7 kilogrammes à 950 millièmes, 3 kilogrammes à 870 millièmes, 4 kilogrammes à 800 millièmes, et 12 kilogrammes à 760 millièmes.

Mais, puisqu'au lieu de 26 kilogrammes à 830 millièmes, on en veut 15, c'est un vérité bien sensible que les quantités respectives aux quatre divers titres qui doivent composer ces 15 kilogrammes, doivent avoir les mêmes rapports entre elles qu'avaient les quantités relatives à ces mêmes titres qui composaient les 26 kilogrammes. Par conséquent, pour connaître ces quantités, je n'ai qu'à raisonner ainsi :

Si pour 26 *kilogrammes à* 830 *millièmes, il faut fondre* 7 *kilogrammes à* 950 *millièmes*, 3 *kilogrammes à* 870 *millièmes*, 4 *kilogrammes à* 800 *millièmes, et* 12 *kilogrammes à* 760 *millièmes, pour* 15 *kilogrammes à* 830 *millièmes, quelle quantité de kilogrammes faudra-t-il mêler à ces quatre derniers titres ?* Et je déterminerai chacun de ces quatre nombres, au moyen de la règle de trois suivante :

		kil.		
26 : 15 ::	$7 : x =$	4,038	à 950 =	3,836
	$3 : x =$	1,731	à 870 =	1,506
	$4 : x =$	2,308	à 800 =	1,846
	$12 : x =$	6,923	à 760 =	5,261
		kil.		kil.
		15,000	à 830 =	12,449.

Ce qui revient à partager 15 en parties proportionnelles aux nombres 7, 3, 4 et 12.

Pour avoir 15 kilogrammes à 830 millièmes, il faut fondre 4kil.,038 à 950 millièmes, 1kil.,731 à 870 millièmes, 2kil.,308 à 800 millièmes, et 6kil.,923 à 760 millièmes, comme cela résulte de la preuve que porte avec elle l'opération. La différence de 1 milligramme en moins pour les 15 kilogrammes qui, à 830 millièmes, devraient contenir $12^{\text{kil.}},450$, vient de ce que nous avons opéré par décimales, et il en est de même des autres petites différences dans les exemples précédents.

3e EXEMPLE.

42. *Un orfèvre doit faire un ouvrage de dix marcs d'argent à 42₶ le marc : mais comme il n'a que des lingots à 48₶, à 44 et à 40₶ le marc, on demande combien il faut qu'il prenne de chacun pour composer les 10 marcs que doit peser l'ouvrage à 42 livres?*

OPÉRATION.

$$\begin{array}{lll} 48 & & \left\{\begin{array}{l} \ldots\ldots \quad 2 \text{ marcs à } 48₶ = 96₶ \\ \ldots\ldots \quad 2 \text{ id. à } 44 = 88 \\ 6+2 = 8 \text{ id. à } 40 = 320 \end{array}\right. \\ 44 & 42 & \\ 40 & & \end{array}$$

$$\underline{\underline{12}} \text{ marcs à } 42₶ = \underline{\underline{504₶}}.$$

$$12:10::\left\{\begin{array}{l} 2:x = 1\tfrac{2}{3} \text{ marcs à } 48₶ = 80₶ \\ 2:x = 1\tfrac{2}{3} \text{ id. à } 44 = 73\tfrac{1}{3} \\ 8:x = 6\tfrac{2}{3} \text{ id. à } 40 = 266\tfrac{2}{3} \end{array}\right.$$

$$10 \text{ » marcs à } 42₶ = 420₶.$$

Après avoir établi compensation entre les prix de 48₶ et de 40₶, j'en établis entre ceux de 44₶ et de 40₶. Du reste, l'opération est de tout point semblable à la précédente. Voilà pourquoi nous nous abstenons d'en répéter la démonstration.

On demande actuellement combien il doit mêler de marcs de 44 et de 40^{tt} *avec 5 marcs de* 48^{tt}, *pour avoir des matières à 42 livres.*

Il faut opérer d'abord comme si le nombre de marcs de 48^{tt} n'était pas déterminé, et par conséquent comme nous venons de le faire, et puis raisonner ainsi :

Si pour 2 marcs à 48^{tt} *on doit mêler 2 marcs à* 44^{tt} *et 8 marcs à* 40^{tt}, *pour 5 marcs à* 48^{tt}, *quelle quantité de marcs faudra-t-il mêler de chacun de ces derniers prix ?* Et l'on déterminera chacun de ces deux nombres, au moyen de la règle de trois suivante :

$$2:5::\begin{cases} 2:x = 5 \text{ marcs à } 44^{\text{tt}} \\ 8:x = 20 \text{ id. à } 40. \end{cases}$$

On n'a qu'à vérifier cette opération, et l'on trouvera que 5 marcs à 44^{tt}, et 20 marcs à 40^{tt}, mêlés avec 5 marcs à 48^{tt}, donneront de l'argent à 42 livres.

Complément des notions nécessaires à tous ceux qui veulent faire le commerce des matières d'or et d'argent.

43. Toute personne qui veut faire le com-

merce des matières d'or et d'argent, doit avoir les connaissances les plus complètes sur cette branche d'industrie d'ailleurs très-délicate, et ne doit être étrangère à aucune des considérations qui s'y rattachent. C'est pourquoi nous allons entrer dans de nouveaux développements qui sont d'ailleurs nécessaires pour faciliter l'intelligence des tableaux A et B, par lesquels nous terminons ce petit traité.

44. Nous n'avons parlé jusqu'à présent que du titre de nos monnaies. Mais il y a encore trois titres légaux pour les ouvrages d'orfèvrerie d'or, et deux pour ceux d'argent, savoir :

POUR L'OR.

Le 1er de 920 millié.,	ou 22 karats	$\frac{5}{32}$	}	Avec une tolérance de 3 millièmes.
Le 2e de 840 id. . . .	20 »	$\frac{5}{32}$		
Le 3e de 750 id. . . .	18 »	»		

POUR L'ARGENT.

Le 1er de 950 millié.,	ou 11 den.	10 grains	}	Avec une tolérance de 5 millièmes.
Le 2e de 800 id. . . .	9 »	14 »		

45. Il y a deux sortes de valeurs pour les monnaies; la valeur nominale et la valeur réelle ou intrinsèque.

La valeur nominale est celle que le gouvernement assigne à chaque pièce dans la circulation, et la valeur intrinsèque n'est autre chose que celle du poids même de l'or ou de l'argent fin dont elle est composée.

Quoique la première de ces valeurs soit en quelque sorte arbitraire, cependant, dans tout système monétaire bien entendu, elle doit être relative à la valeur réelle.

Car le gouvernement pourrait bien déterminer, par exemple, que la pièce de 5 francs en vaudrait 7 au lieu de 5; mais, en dépit de cette mesure, le cours de cette même pièce ne s'établirait jamais dans le commerce que sur le pied de son titre et de son poids; c'est-à-dire d'après sa valeur intrinsèque qui est invariable, parce qu'elle est indépendante du temps, des lieux et des circonstances.

Il arrive bien quelquefois qu'on paie dans le commerce, au-delà de leur valeur intrinsèque, certaines monnaies d'or et d'argent, comme par exemple les quadruples et les piastres d'Espagne. Mais cela ne tient qu'à des opérations du moment dans lesquelles les négocians trouvent encore de l'avantage à surpayer ainsi ces monnaies, pour les importer ensuite dans les colonies; parce que là ils les font servir à l'achat de marchandises dont le paiement leur serait plus onéreux de toute autre manière.

46. Comme, dans les monnaies d'or et d'argent, on ne tient aucun compte du métal qui

en forme l'alliage, leur valeur se réduit au poids du métal pur.

47. D'après la valeur de l'or et de l'argent monnayé, il résulte que le gouvernement devrait payer l'or fin, c'est-à-dire l'or à $\frac{1000}{1000}$ sur le pied de.................. 3444 fr. 44 $\frac{444}{1000}$,
et l'argent fin.............. 222 22 $\frac{222}{1000}$,
s'il n'exerçait à l'avance un droit de retenue sur ces matières.

Ce droit, qui embrassait autrefois celui de *seigneuriage*, se borne aujourd'hui aux seuls frais de fabrication, et est fixé ainsi qu'il suit, par la loi du 7 germinal an XI (28 mars 1803):

Par kil.	d'or fin à..................	10 f.	» c.
	d'or au titre des monnaies...	9	»
	d'argent fin à..............	3	»
	d'argent au titre des monnaies.	3	33 $\frac{333}{1000}$.

Et en diminuant dans la même proportion au-dessous du titre de $\frac{900}{1000}$, sans préjudice toutefois des frais d'*affinage* que la monnaie prélève sur toutes les matières d'or et d'argent au-dessous du titre de 900 millièmes.

48. Le rapport entre l'or et l'argent diffère dans chaque pays. Pour le trouver, il faut diviser le prix du kilogramme d'or fin par le prix du kilogramme d'argent fin, sans aucun égard de part ni d'autre aux frais de fabrication.

Ainsi, en France, l'or fin valant sur ce pied,

comme nous l'avons déjà vu, 3444 fr. 44 $\frac{444}{1000}$, et l'argent fin 222 fr. 22 $\frac{222}{1000}$, il en résulte qu'un kilogramme d'or y vaut 15 $\frac{1}{2}$ kilogrammes d'argent.

49. Il suit encore du même principe qu'il existe nécessairement le même rapport entre un poids quelconque d'or, entre un kilogramme par exemple, et le nombre de kilogrammes d'argent qui en est l'équivalent, qu'entre le prix du kilogramme d'argent et celui de l'or, et réciproquement; de manière que l'argent peut servir de mesure à la valeur de l'or, et *vice versâ*. Ainsi, en France,

1 kil. d'or : 15 $\frac{1}{2}$ kil. d'argent :: 222 fr. 22 $\frac{222}{1000}$: 3444 fr. 44 $\frac{444}{1000}$ (*),

et en mettant les moyens à la place des extrêmes,

222 f. 22 $\frac{222}{1000}$: 3444 f. 44 $\frac{444}{1000}$ :: 1 kil. d'or : 15 $\frac{1}{2}$ kil. d'arg.

En France l'or vaut donc.. 15 $\frac{1}{2}$ autant que l'argent.

En Espagne et en Portugal. 16 } id. à très-peu près.
A Berlin................ 13 }

Les différentes variations à cet égard, en Europe, donnent, pour prix moyen entre l'or et l'argent, environ 14 $\frac{1}{2}$.

(*) On peut substituer au second rapport de cette proportion 200 fr. : 3100 fr., qui lui est égal à très-peu de chose près.

50. Cela posé, il est aisé de juger combien il importe à tout négociant, aussi bien qu'à tout homme qui fait le commerce des matières, de connaître le rapport qui existe entre l'or et l'argent dans chaque pays.

Car, puisque, comme nous venons de le voir, le même kilogramme d'or qui vaut 16 kilogrammes d'argent par exemple en Espagne, n'en vaut que 13 à Berlin, il m'est bien plus avantageux d'être payé en argent en Espagne, et en or en Prusse, puisque avec 16 kilogrammes d'argent reçus en Espagne, je me procurerai en Prusse un kilogramme d'or, plus 230 grammes d'or; et que un kilogramme d'or, reçu en Prusse, me ferait recevoir, au contraire, 16 kilogrammes d'argent en Espagne.

51. L'évaluation des monnaies étrangères peut se faire de deux manières.

La première, en considérant les pièces d'après le poids qu'elles peuvent avoir dans la circulation, et leur titre au tarif des monnaies, ou d'après celui trouvé par les essais : cette manière varie suivant les différences de titre et de poids réels de chaque pièce.

La deuxième se fait d'après le droit de poids et de titre que la loi exige en chaque pays, pour chaque nature de pièces, comparé au droit de poids et de titre des monnaies françaises, sans aucune retenue ; de sorte que $22^{gram.}$,5 d'argent fin, que peut contenir une pièce étrangère, équivalent à la pièce de 5 fr. de France (laquelle étant du poids de 25 grammes au titre de 900 millièmes, contient aussi $22^{gram.}$,5 d'argent fin).

On doit suivre le même principe pour les pièces d'or.

Cette seconde manière est la seule qui serve à constater la valeur légale des monnaies entre elles.

52. Nous avons envisagé les principales monnaies d'or et d'argent qui ont cours dans tous les pays sous ces deux rapports différents dans le tableau A, le plus complet peut-être qui ait encore paru dans ce genre.

La 1re colonne indique les titres auxquels les pièces étrangères sont reçues aux hôtels des monnaies, ou les titres qui ont été trouvés par les essais pour les pièces qui ne sont pas portées sur le tarif de l'administration générale des monnaies. Ces dernières sont accompagnées d'un astérisque.

La 2e colonne indique le poids que doit avoir chaque pièce.

La 3e colonne indique le prix auquel doit être payé au change le kilogramme de toute espèce de matières d'or et d'argent, déduction faite des frais de fabrication et d'affinage.

La 4e indique également ce même prix pour chaque pièce, d'après la même base.

La 5e colonne enfin indique la valeur de ces mêmes pièces supposées droites de poids et de titre.

D'après ce tableau dont toutes les indications, puisées dans les sources les plus pures, sont de la dernière exactitude (*), on est à même de faire le commerce des matières en toute sûreté.

Je prends pour exemple les guinées de 21 schellings d'Angleterre, portées sur la première ligne de mon tableau, et je suppose qu'on me propose d'en acheter dont le poids, par l'altération du frai ou toute autre cause, se trouverait réduit à 7gram.,96.

J'ai deux moyens de vérifier que je ne dois plus payer ces pièces, en raison de la diminution de leur poids, que sur le pied de 25 francs 01 cent., tandis que la 4e colonne du tableau en indique la valeur à 26 francs 21 cent., lorsqu'elles ont le poids requis de 8gram.,34, porté sur la 2e colonne.

En effet, puisque la 3e colonne de mon tableau m'apprend que la valeur intrinsèque du kilogramme d'or, au même titre que la guinée, est de 3142 fr. 52 c., je n'ai qu'à chercher com-

---

(*) Pour tous les points indécis, on a eu recours aux ouvrages de Bonnet et de Bonneville surtout; ce dernier étant classique dans cette partie.

bien valent, à ce taux, $7^{gram.},96$; or, il me suffit pour cela de multiplier tout simplement le nombre 314252 par 796, et de séparer ensuite cinq chiffres sur la droite du produit.

Ou bien encore, les poids et les prix étant directement proportionnels entre eux, je trouverai la même valeur dans le quatrième terme de cette règle de trois,

$$8^{gram.},34 : 26 \text{ fr. } 21 \text{ c.} :: 7^{gram.},96 : x,$$

qui est 25 francs 01 cent.

53. Ce seul exemple suffit pour fixer sur la méthode à suivre dans tous les cas semblables; mais ce tableau, tout étendu qu'il soit, n'embrasse qu'un certain nombre de titres différents, et offre par conséquent de grandes lacunes. Voilà pourquoi nous en joignons un second coté B, destiné à compléter le précédent, et qui devient indispensable à toute personne qui fait le commerce des matières. Car le tarif des monnaies est insuffisant à cet égard.

En effet, celui-ci n'indique que le prix du kilogramme, déduction faite des frais de fabrication seulement, tandis que, comme nous l'avons déjà observé plus haut, la monnaie retient en outre un droit d'affinage de *tant* par kilogramme sur toutes les matières d'or et d'argent qu'on lui présente au-dessous du titre de 900 millièmes. On serait donc induit en erreur si l'on établissait ses calculs d'après les prix portés sur le tarif des monnaies (*).

Notre tableau indique, au contraire, les prix par kilogrammes d'or et d'argent, déduction faite des frais de fabrication et d'affinage. Il s'étend depuis 1000 millièmes jusqu'à 500 millièmes inclusivement. De 1000 millièmes à 900 millièmes, il n'y a que des frais de fabrication seulement; et à partir de 900 millièmes, tous les titres au-dessous entraînent des frais de fabrication et d'affinage que nous avons eu soin de déduire; de manière que nous n'avons porté que le prix net qu'on obtiendrait des matières au change, seul prix qu'il soit essentiel de connaître. Par ce moyen, on est à même de déterminer la valeur d'un lingot ou d'une pièce d'or ou d'argent d'un poids quelconque, par une simple règle de trois.

Ainsi, si je porte à l'hôtel des monnaies des roubles d'argent de Russie par exemple, qui sont à 788 millièmes de fin, ou un lingot d'argent au même titre, on ne me les paiera qu'à

(*) Le droit d'affinage n'existait pas à l'époque où l'administration générale des monnaies a publié son tarif. Si elle ne l'a pas refait, c'est sans doute parce qu'elle laisse aux particuliers la faculté de se soustraire à ce droit en tout ou en partie, en portant tout à la fois au change des matières au-dessus et au-dessous du titre de 900 millièmes.

raison de 169 fr. 43 c. le kilogramme, prix mentionné sur mon tableau, tandis que, sur le tarif des monnaies, le kilogramme au titre de 788 millièmes est porté à 172 fr. 48 c., prix relatif à la déduction des frais de fabrication seulement.

54. Toutes les fois qu'on porte isolément aux hôtels des monnaies, des matières d'or ou d'argent au-dessous de 900 millièmes, on doit payer le droit d'affinage ; mais on peut éviter de l'acquitter en tout ou en partie, en portant tout à la fois au change des matières au-dessus et au-dessous du titre légal.

Par exemple, si l'on présente, en quantités égales, des matières à 850 et à 950 millièmes, il y aura une compensation exacte, au moyen de laquelle on n'aura rien à payer pour les frais d'affinage ; et, dans tout autre cas, ce droit sera d'autant moindre que la combinaison des titres approchera davantage de cette compensation.

TABLEAU A

Indiquant le titre, le poids, et les valeurs des principales monnaies réelles d'or et d'argent qui ont cours dans tous les pays.

Nota. Les titres qui ne sont pas accompagnés d'un astérisque, sont ceux auxquels les pièces dont il s'agit sont reçues au change aux hôtels des monnaies, conformément au tarif, ou bien en vertu de décisions de l'administration générale, postérieures à l'impression de ce tarif.

L'astérisque joint au titre indique au contraire que les pièces dont il s'agit n'ont pas encore été tarifées par la monnaie, mais que ce sont bien là les titres qu'elles donnent le plus communément à l'essai

	ANGLETERRE.	TITRE de chaque pièce.	POIDS de chaque pièce.	VALEUR déduction faite des frais de fabrication et d'affinage. du kilogram.	de la pièce.	VALEUR de la pièce droite de poids et de titre.
			gr.	fr. c.	fr.	fr. c.
OR.	Guinée de 21 schellings	915	8 34	3142 52	26 21	26 47
	Demi-guinée	915	4 14	3142 52	13 01	13 24
	Un quart	915	2 02	3142 52	6 35	6 62
	Un tiers ou 7 schellings	915	2 76	3142 52	8 67	8 82
	Souverain de 20 schellings, frappé en 1817	915	7 97	3142 52	25 05	25 20
	Demi-souverain de 10 schellings, *id.*	915	3 98	3142 52	12 51	12 60
	Nota. Les guinées d'Angleterre ne sont portées sur le tarif qu'au titre de 914, mais ce titre ayant été reconnu trop faible, ces pièces sont reçues à celui de 915, d'après une décision de l'administration générale des monnaies.					
ARGENT.	Crown, ou couronne de 5 schellings.	920	30 »	201 38	6 04	6 18
	Demi-couronne	920	14 98	201 38	3 02	3 09
	Schelling	920	5 95	201 38	1 20	1 24
	Nouvelle couronne, frappée en 1817.	920	28 22	201 38	5 68	5 81
	Écu de banque, dit dollar d'Angleterre	892	26 72	195 94	5 24	5 41
	Nota. Ces écus de banque ne sont autre chose que des piastres d'Espagne qui reçoivent une nouvelle empreinte en Angleterre, opération qui en altère légèrement le poids.					

	ALLEMAGNE.	TITRE de chaque pièce.	POIDS de chaque pièce.	VALEUR déduction faite des frais de fabrication et d'affinage. du kilogram.	VALEUR déduction faite des frais de fabrication et d'affinage. de la pièce.	VALEUR de la pièce droite de poids et de titre.
			gr.	fr. c.	fr. c.	fr. c.
OR.	Double ducat de l'empereur......	980	6 96	3365 76	23 43	23 70
	Ducat simple..................	980	3 45	3365 76	11 61	11 86
	Double ducat de Hongrie.........	984	6 96	3379 49	23 52	23 80
	Ducat simple..................	984	3 45	3379 49	11 66	11 90
	Lyons d'or, ou pièces de 14 florins de la Belgique, Brabant et Pays-Bas Autrichiens................	917*	8 29	3149 39	26 11	26 47
	Souverains de Flandres et des Pays-Bas Autrichiens............	915	5 52	3142 52	17 35	17 58
	Pistoles du Palatinat............	898	6 64	3083 50	20 47	20 78
	Pistoles à l'étoile de Hesse-Cassel..	892	6 69	3061 17	20 48	20 82
	Florins de 10 thalers de Brunswick-Wolfenbuttel, jusqu'en 1813 inclusivement, au cheval en course.	901	13 33	3094 43	41 25	41 48
	Florins de 10 thalers, *id.*, *id.*, depuis 1813..................	886	13 30	3039 05	41 25	41 48
	Florins de 10 thalers de Brunswick-Wolfenbuttel-Hanovre, avec la valeur de la pièce............	898	13 28	3083 50	40 95	41 48
	Albertus de Flandres et des Pays-Bas Autrichieus, à la croix de Saint-André................	887	5 08	3042 72	15 46	16 18
	Florins ou carolins du Rhin et de Hesse-d'Armstadt............	772	9 70	2635 98	25 57	25 91
	Florins de Hanovre............	777	3 24	2653 32	8 60	8 78
	Florins, ou demi-maximiliens du Palatinat, de Bavière, et d'Anspach.	767	3 21	2618 65	8 41	8 63
	Florins, ou tiers de carolins de convention, et de Bade-Dourlach...	758	3 21	2587 49	8 31	8 63
ARGENT.	Fine silber de Westphalie, de Jérôme.....................	995	13 30	217 79	2 90	» »
	Gros écu du Palatinat...........	983	25 92	215 17	5 58	5 78
	Gros écu de Nassau-Weilbourg....	976	25 87	213 64	5 53	5 78
	Écu de Lubeck................	733	27 41	156 49	4 29	4 58
	Nota. Quoique le tarif des monnaies ne porte ces pièces qu'au titre de 733, on obtient communément à l'essai celui de 743.					
	Écus vieux de Bareith..........	729	19 49	155 50	3 03	» »
	Risdale de constitution, frappée avant 1753, ou doubles-florins d'Autriche................	872	28 74	189 82	5 46	5 78
	Écu, ou risdale d'espèce de convention de tous les cercles........	833	28 05	180 23	5 06	5 20
	Demi-risdale ou florin..........	833	14 02	180 23	2 53	2 60

	ALLEMAGNE (SUITE).	TITRE de chaque pièce.	POIDS de chaque pièce.	VALEUR déduction faite des frais de fabrication et d'affinage. du kilogram.	de la pièce.	VALEUR de la pièce droite de poids et de titre.
			gr.	fr. c.	fr. c.	fr. c.
ARGENT.	Ducatons de Liége	917	32 29	200 72	6 48	» »
	Lyons d'argent de la Belgique, Brabant, et Pays-Bas Autrichiens	870	32 83	189 33	6 21	6 39
	Florins d'argent, *id.*, *id.*	870	9 30	189 33	1 76	1 83
	Ducatons de Marie-Thérèse, de Flandres, et des Pays-Bas Autrichiens	870	33 30	189 33	6 30	6 49
	Nota. Ces ducatons ne sont portés sur le tarif qu'à 858; mais ce titre ayant été reconnu trop faible, ces pièces sont reçues à 870, d'après une décision de l'administration générale des monnaies.					
	Écu de Brabant, kronen-thaler ou écu de Bavière, et Wurtemberg.	870	29 60	189 63	5 61	5 75
	Vingt kreutzers	581	6 64	121 08	» 80	» 87
	Dix kreutzers	493	3 82	100 68	» 38	» 43
	DANEMARCK ET HOLSTEIN.					
OR.	Ducat courant, depuis 1767	871	3 08	2984 44	9 19	9 47
	Demi	871	1 50	2984 44	4 48	4 74
	Ducat species, 1791 à 1802	980	3 45	3305 76	11 61	11 86
	Chrétien, 1773	905*	6 69	3108 17	20 79	20 95
ARGENT.	Risdale d'espèce, ou double écu de 96 schellings, depuis 1776	875	29 »	190 57	5 53	5 66
	Nota. Le titre de ces pièces portées sur le tarif à 861, a été reconnu trop faible par l'administration des monnaies qui a arrêté qu'elles seraient reçues au titre de 875.					
	Risdale courante, ou pièce de 6 marcs, danske, de 1750	830	26 77	179 53	4 81	4 96
	Nota. Même remarque que la précédente à l'égard de ces pièces dont le titre a été porté de 823 à 830.					
	ESPAGNE.					
OR.	Quadruple-pistole, frappée avant 1772	909	26 98	3121 91	84 23	85 42
	Double-pistole, *id*	909	13 49	3121 91	42 11	42 71
	Pistole, *id*	909	6 75	3121 91	21 07	21 36
	Demi-pistole	909	3 35	3121 91	10 46	10 68
	Pistole du Pérou, dite *cornudo*	897	26 98	3079 77	83 09	» »

	ESPAGNE. (SUITE).	TITRE de chaque pièce.	POIDS de chaque pièce.	VALEUR déduction faite des frais de fabrication et d'affinage. du kilogram.	VALEUR déduction faite des frais de fabrication et d'affinage. de la pièce.	VALEUR de la pièce droite de poids et de titre.
			gr.	fr. c.	fr. c.	fr. c.
OR.	Quadruple-pistole, 1772 à 1785...	893	26 98	3064 88	82 69	83 93
	Double-pistole, *id*.	893	13 49	3064 88	41 35	41 97
	Pistole, *id*.	893	6 75	3064 88	20 69	20 98
	Demi-pistole.	893	3 35	3064 88	10 27	10 49
	Un quart ou escudillo.	885	1 75	3035 38	5 31	5 36
	Nota. Les pièces d'or frappées depuis 1785, ne peuvent être évaluées à cause de leur grande variation dans le titre (1). Elles donnent communément à l'essai 872.					
ARGENT.	Piastre-vieille, avant 1772, aux deux écussons sans effigie.	906	26 98	198 31	5 35	5 51
	Demi-piastre.	906	13 49	198 31	2 68	2 76
	Cinquième de piastre ou piécette. .	830	5 74	179 53	1 03	1 10
	Dixième de piastre ou demi-piécette.	830	2 87	179 53	» 52	» 55
	Vingtième de piastre ou réal.	830	1 49	179 13	» 27	» 28
	Piastre neuve à l'effigie depuis 1772.	896	26 98	196 12	5 29	5 43
	Nota. D'après l'arrêté du 24 prairial an XI, les piastres et demi-piastres ne sont point assujetties au droit d'affinage, mais cette disposition ne s'étend pas aux piécettes d'Espagne ni à leurs divisions.					
	Demi-piastre depuis 1772.	896	13 39	196 12	2 62	2 72
	Piécette ou $\frac{1}{5}$ de piastre.	808	5 74	174 20	1 »	1 08
	Demi-piécette ou $\frac{1}{10}$ de piastre.	808	2 92	174 20	» 51	» 54
	Réalillo, ou réal de vellon, ou $\frac{1}{20}$ de piastre (2).	808	1 49	174 20	» 26	» 27
	ÉTAT ECCLÉSIASTIQUE.					
	ROME.					
OR.	Pistoles de Pie VI et de Pie VII. . .	906*	5 47	3111 61	17 02	17 28
	Demi.	911*	2 66	3128 78	8 32	8 64

(1) Les personnes qui présenteront des quadruples à l'administration des monnaies, pourront les faire ondre en leur présence par le directeur, et le titre des lingots qui en proviendront, sera constaté par un des ssayeurs des monnaies. Les propriétaires en feront ensuite la remise au change, et l'évaluation en sera faite 'après ce titre. Les frais de ces deux opérations seront à leur charge.

(2) Indépendamment des deux espèces de piastres désignées ci-dessus, et fabriquées en Espagne, il y en d'autres fabriquées en Amérique qui sont aux mêmes titres et du même poids que les premières, avec cette eule différence que celles frappées avant 1772 ont deux globes sans effigie, et que celles fabriquées depuis 772 ont deux colonnes avec effigie. Ces piastres dites *mexicaines* se divisent en demis, quarts, huitièmes, et izièmes : ces divisions sont aux mêmes titres que les piastres mêmes, et leurs poids correspondent à très-peu rès aux fractions qu'elles indiquent.

	ÉTAT ECCLÉSIASTIQUE (SUITE).	TITRE de chaque pièce.	POIDS de chaque pièce.	VALEUR déduction faite des frais de fabrication et d'affinage. du kilogram.	de la pièce.	VALEUR de la pièce droite de poids et de titre.
			gr.	fr. c.	fr. c.	fr. c.
OR.	Sequin, 1769, Clément XIV et ses successeurs.	944	3 40	3242 12	11 02	11 80
	Demi	944	1 70	3242 12	5 51	5 90
	Nota. Quoique le tarif des monnaies ne porte les sequins, sans distinction de date, qu'à 944, cependant ceux que nous indiquons ici donnent communément à l'essai le titre de 996.					
	Écu d'or de la république romaine.	833*	58 96	2849 01	167 78	172 83
ARGENT.	Écu de 10 pauls de 100 bayoques.	906	26 45	198 31	5 25	5 39
	Demi.	906	13 17	198 31	2 61	2 69
	Trois dixièmes d'écu, ou teston de 30 bayoques.	906	7 90	198 31	1 57	1 62
	Un cinquième d'écu, ou papeto de 20 bayoques.	906	5 21	198 31	1 03	1 08
	Un dixième d'écu, ou teston de 10 bayoques	906	2 65	198 31	» 52	» 54
	BOLOGNE.					
OR.	Doppia, ou pistole de Pie VI.	909*	5 52	3121 91	17 23	17 33
	Doppia nuova, ou pistole neuve.	913*	5 52	3135 65	17 31	17 42
	Zechino, ou sequin, frappé avant 1760.	996*	3 40	3420 71	11 63	11 80
ARGENT.	Scudo de la communauté de Bologne, à la Vierge.	833*	29 10	180 23	5 24	5 45
	Teston, ditto.	913*	7 92	199 85	1 58	» »
	ÉTATS-UNIS D'AMÉRIQUE.					
OR.	Double-aigle de dix dollars.	913*	17 48	3135 65	54 81	55 21
	Aigle de 5 dollars.	913*	8 71	3135 65	27 31	27 61
	Demi-aigle, ou 2 1/2 dollars.	911*	4 36	3128 78	13 64	13 80
ARGENT.	Dollar de 1795	875*	26 93	190 57	5 13	5 50
	Demi, *id.*	875*	6 80	195 94	1 33	1 38
	Dollar de 1795, autre fabrication.	885*	26 93	193 11	5 20	5 50
	Demi, *id*	903*	13 44	190 57	2 56	2 75
	Un quart, de 1796.	896*	13 44	197 66	2 66	2 76
	Dollar de 1798, autre fabrication.	896*	27 09	195 94	5 31	5 50
	Demi, *id*	889*	13 49	194 13	2 62	2 75
	FRANCE.					
OR.	Louis d'or fabriqué depuis 1716 jusqu'à 1785.	896	» »	3076 03	23 55	» »

FRANCE (SUITE).		TITRE de chaque pièce.	POIDS de chaque pièce.	VALEUR déduction faite des frais de fabrication et d'affinage. du kilogram.	VALEUR ... de la pièce.	VALEUR de la pièce droite de poids et de titre.
			gr.	fr. c.	fr. c.	fr. c.
OR.	Louis de la fabrication commencée en 1785	901	» »	3094 43	23 55	» »
	Pièces de France de toute fabrication, avant 1726	904	» »	3104 74	23 55	» »
GENT.	Écu de 6 livres depuis 1726	906	28 84	198 31	5 80	» »
	Id. de 3 *id.*	906	» »	198 31	2 75	» »
	Pièce de 24 sous	891	» »	194 65	1 »	» »
	Id. de 12	901	» »	197 22	» 50	» »
	Id. de 6	869	» »	189 05	» 25	» »

Nota. Les personnes qui auraient une grande quantité de ces petites pièces, auraient plus d'avantage à la faire fondre, attendu que la fonte donnerait un titre supérieur à celui du change.

GÊNES.

OR.	Sequin	995	3 45	3417 27	11 79	12 01
	Génovine ancienne de 100 liv., depuis 1758 inclusivement	906*	28 15	3111 61	87 59	88 97
	Génovine neuve de 96 liv., depuis 1781 inclusivement	909*	25 18	3121 91	78 61	79 77
GENT.	Écu de banque de saint Jean-Baptiste, ancien	910	20 77	199 19	4 14	4 17
	Madonine, depuis 1747 inclusivement	826	4 51	178 53	» 81	» 85
	Georgine	858	5 80	186 33	1 08	1 09
	Écu neuf de saint Jean-Baptiste, de 8 liv., depuis 1792	889*	33 25	194 13	6 45	6 58

GENÈVE.

OR.	Pistoles neuves	913	5 41	3135 65	16 96	17 14

Nota. Quoique le tarif des monnaies porte les pistoles de Genève, sans distinction de date, au titre de 913, la vieille pistole, au double-aigle couronné, ne donne communément à l'essai que le titre de 896. Comme elle pèse 6 gr.,69, elle ne vaut réellement que 20 fr. 58 c., tandis que la monnaie la paie 20 fr. 98 c.

GENT.	Patagons	840	27 04	181 95	4 92	» »

	HAMBOURG.	TITRE de chaque pièce.	POIDS de chaque pièce.	VALEUR déduction faite des frais de fabrication et d'affinage. du kilogram.	de la pièce.	VALEUR de la pièce droite de poids et de titre.
			gr.	fr. c.	fr. c.	fr. c
Or.	Ducat *ad legem imperii*..........	978	3 45	3358 89	11 59	11 86
	Ducat de Hambourg	980	3 45	3365 76	11 61	11 86
	Nota. Il y a plusieurs espèces de ducats à Hambourg, mais qui sont tous au même titre et du même poids que le ducat de l'empereur.					
Argent.	Pièce du siége de Hambourg.....	968	14 16	211 88	3 »	» »
	Nota. Quoique ces pièces aient été fabriquées en 1813 et 1814, elles portent néanmoins le millésime de 1809. Il en a été frappé pour environ six millions.					
	Risdale de banque.............	875	29 21	190 57	5 57	5 78
	HOLLANDE.					
Or.	Ducat......................	978	3 45	3358 89	11 59	11 93
	Ryder......................	913	9 93	3135 65	31 14	31 65
	Demi......................	913	4 95	3135 65	15 52	15 83
	Vingt florins du roi Louis (1808)..	913	13 65	3135 65	42 80	43 14
	Dix florins, *id*...............	913	6 80	3135 65	21 32	21 57
Argent.	Florin de 20 sous..............	907	105 2	198 53	2 09	2 16
	Escalin, ou pièce de 6 sous......	573*	4 90	119 21	» 58	» 64
	Ducaton, ou ryder.............	935*	32 50	204 66	6 65	6 85
	Ducat, ou risdales.............	858	28 10	186 33	5 24	5 48
	JAPON.					
	(Par approximation, n'ayant pas de renseignement précis sur le droit de poids et de titre).					
Or.	Kobang vieux, de 100 mas......	850*	17 60	2909 20	51 20	51 24
	Demi-Koban de 50 mas.........	850*	8 60	2909 20	25 02	25 62
	Kobang nouveau	730*	13 »	2490 80	32 38	32 69
	Demi......................	730*	6 50	2490 80	16 19	16 35
Argent.	Tigo-gin, ou pièce de 40 mas....	900*	72 »	197 »	14 18	14 4
	Demi de 20 mas...............	900*	36 »	197 »	7 09	7 2
	Un quart de 10 mas...........	900*	18 »	197 »	3 54	3 6
	Un huitième de 5 mas..........	450*	16 50	90 77	1 50	1 8

		TITRE de chaque pièce.	POIDS de chaque pièce.	VALEUR déduction faite des frais de fabrication et d'affinage. du kilogram.	VALEUR déduction faite des frais de fabrication et d'affinage. de la pièce.	VALEUR de la pièce droite de poids et de titre.
	MALTE.		gr.	fr. c.	fr. c.	fr. c.
R.	Louis d'or d'Emmanuel de Rohan, grand-maître	840*	8 40	2873 73	24 14	24 79
ENT.	Écus	830	12 11	179 53	2 17	» »
	MOGOL.					
	(Par approximation, comme le Japon).					
R.	Roupie du Mogol	908	12 32	3118 48	38 42	38 72
	Demi	908	6 16	3118 48	19 21	19 36
	Un quart	908	3 05	3118 48	9 51	9 68
	Nota. Quoique le tarif des monnaies ne porte ces pièces qu'à 908, on obtient communément à l'essai le titre de 970.					
	Pagode au croissant	809	3 35	2764 76	9 26	9 46
	— à l'étoile	798	3 35	2726 36	9 13	9 35
	Ducat de la compagnie hollandaise	978*	3 45	3358 89	11 59	11 62
	Demi	978*	1 70	3358 89	5 71	5 81
ENT.	Roupie du Mogol	948	11 47	207 51	2 38	2 42
	— de Madras	944	11 45	206 63	2 37	2 40
	— d'Arcate	941	11 45	205 97	2 36	2 36
	— de Pondichéri	951	11 45	208 16	2 38	2 42
	Double-fanon des Indes	940*	3 »	205 76	» 62	» 63
	Fanon des Indes	940*	1 50	205 76	» 31	» 32
	Pièce de la comp^e^. hollandaise	830*	13 »	179 53	2 33	2 40
	MILAN.					
R.	Sequin	990*	3 45	3400 10	11 73	12 04
	Doppia, ou pistole de Marie-Thérèse	908*	6 32	3118 48	19 71	» »
	Idem, de Joseph II	905*	6 32	3108 17	19 64	19 87
ENT.	Scudo *de lire sei*, ou écu de 6 liv.	896*	23 11	195 94	4 53	4 64
	Demi	896*	11 53	195 94	2 26	2 32
	Lire nouvelle	549*	6 21	113 60	» 71	» 77
	Pièce de 30 *soldi* de l'empereur François II, et de la république Cisalpine	684*	7 33	145 01	1 06	1 12
	Scudo, ou écu de la république Cisalpine	896*	23 16	175 94	4 53	4 64

NAPLES ET SICILE.		TITRE de chaque pièce.	POIDS de chaque pièce.	VALEUR déduction faite des frais de fabrication et d'affinage. du kilogram.	VALEUR déduction faite des frais de fabrication et d'affinage. de la pièce.	VALE[…] de l[…] pièc[…] droi[…] de poi[…] et de tit[…]
			gr.	fr. c.	fr. c.	fr.
OR.	Pistole de 6 ducats de don Carlos..	871	8 76	2984 44	26 14	26
	Idem, de 4 *id*.	871	5 90	2984 44	17 61	17
	Idem, de 6 ducats de Ferdinand IV.	871	8 82	2984 44	26 32	26
	Idem, de 4 *id*.	871	5 90	2984 44	17 61	17
	Idem, de 2 *id*.	871	2 87	2984 44	8 57	8
	Nota. Ces pièces offrent beaucoup de variation dans les titres et les poids. Elles sont généralement au-dessous du titre que le tarif indique.					
	Double once de Sicile	840	8 87	2873 73	25 49	26
	Once, *id*.	840	4 41	2873 73	12 67	13
	Ducat vieux de Naples, de Charles VI.	899	21 78	196 73	4 28	4
	Ducat neuf de Ferdinand VI.	899	22 73	196 73	4 47	4
	Nota. Le tarif des monnaies admet les ducats neufs et vieux au même titre. Cependant les premiers ne sont qu'au titre de 840.					
	Once de 3 ducats de Naples fabriquée depuis 1818.	996	3 79	3420 71	12 96	»
	Once quintuple de 15 ducats de même fabrication.	996	18 93	3420 71	64 82	»
	Id. décuple *id*.	996	37 87	3420 71	129 64	»
ARGENT.	Pièce de 12 carlins d'Italie, vieille..	882	» »	192 35	» »	»
	Nota. Le poids de ces pièces varie de 24 gr.,86 à 25 gr.,39.					
	Idem, neuve, depuis 1786.	833*	27 51	180 23	4 96	4
	Écu d'argent de 12 tarins de Ferdinand IV.	823	27 30	177 83	4 86	5
PARME.						
OR.	Double pistole vieille, de Plaisance.	905*	13 17	3108 17	40 93	41
	Sequin	990*	3 45	3400 10	11 73	11
	Pistole avant 1786.	880*	7 40	3017 10	22 33	23
	Pistole depuis 1786.	880*	7 10	3017 10	21 42	21
ARGENT.	Ducat de 1784 et 1796.	896*	25 65	195 94	5 03	5
	Pièce de 3 liv. depuis 1790.	826*	3 51	178 53	» 63	»
	Nota. Le titre du ducat de 1784, n'est pas aussi certain que celui de 1796.					

	PERSE.	TITRE de chaque pièce.	POIDS de chaque pièce.	VALEUR déduction faite des frais de fabrication et d'affinage. du kilogram.	de la pièce.	VALEUR de la pièce droite de poids et de titre.
			gr.	fr. c.	fr. c.	fr. c.
	(Par approximation, comme le Japon).					
Or.	Roupie	970*	11 »	3331 41	36 64	36 75
	Demi	970*	5 50	3331 41	18 32	18 38
Argent.	Double roupie de 5 abassis	970*	22 90	212 32	4 87	4 90
	Roupie de 2 1/2 abassis	970*	11 45	212 32	2 43	2 45
	Abassi	970*	4 50	212 32	» 96	» 97
	Marmondi	970*	2 25	212 32	» 48	» 49
	Larin	970*	4 80	212 32	1 02	1 03
	PORTUGAL.					
Or.	Moëda, douro, de 4,800 rées	914	10 73	3139 08	33 68	33 96
	Demi, de 2,400 rées	914	5 36	3139 08	16 83	16 98
	Quart, *id.*, de 1,200 rées	914	2 60	3139 08	8 16	8 49
	Meia dobra, lisbonine ou portugaise de 6,400 rées	914	14 29	3139 08	44 85	45 27
	Demi, *id.*, de 3,200 rées	914	7 12	3139 08	22 35	22 64
	Pièce de 16 testons de 1,600 rées	914	3 55	3139 08	11 14	11 32
	— de 12 testons de 1,200 rées	914	2 60	3139 08	8 16	8 02
	— de 8 testons de 800 rées	914	1 75	3139 08	5 49	5 66
	Creuzade de 480 rées	914	1 05	3139 08	3 30	3 30
Argent.	Creuzade neuve de 480 rées	896	14 61	195 94	2 86	2 98
	PRUSSE.					
Or.	Frédérick double de 1769	897	13 33	3079 77	41 05	41 61
	Frédérick simple de 1778	897	6 69	3079 77	20 60	20 80
	Demi	897	3 35	3079 77	10 32	10 40
	Frédérick simple de 1798	897	6 64	3079 77	20 45	» »
	Nota. Les frédéricks, fabriqués en 1800, sont au même titre et du même poids que ceux fabriqués en 1769 et en 1778.					
	Ducat	978	3 45	3358 89	11 59	11 77
Argent.	Écu, ou risdale de Prusse de 24 bons gros	743	22 20	158 83	3 53	3 72
	Demi, ou 12 bons gros	743	11 10	158 83	1 76	1 86
	Risdale d'espèce ou de convention	830*	28 05	179 53	5 04	5 20

		TITRE de chaque pièce.	POIDS de chaque pièce.		VALEUR déduction faite des frais de fabrication et d'affinage.				VALEU de la pièc droit de poi et de titr	
					du kilogram.		de la pièce.			
			gr.		fr.	c.	fr.	c.	fr.	
	RAGUSE.									
OR	Néant	»	»	»	»	»	»	»	»	
ARGENT.	Talaro vieux, dit ragusine	583*	28	47	121	53	3	46	3	9
	Demi, *id.*	588*	14	50	122	65	1	78	1	9
	Talaro nouveau de 1774	576*	28	52	119	88	3	42	3	9
	Autre de 1794	597*	29	11	124	75	3	63	3	9
	Ducat	461*	13	60	93	31	1	27	1	3
	RUSSIE.									
OR.	Ducat à l'aigle déployée de Russie.	973	3	45	3341	71	11	53	11	7
	Ducat à la croix de Saint-André. .	965	3	40	3314	24	11	27	11	5
	Ducat, ou pièce de 5 roubles, papier-monnaie	973*	4	30	3341	71	14	37	»	
	Impériale de 10 roubles, 1756	915	16	41	3142	52	51	57	52	3
	Demi, de 5 roubles, de 1756	915	8	18	3142	52	25	71	26	1
	Impériale de 10 roubles, de 1762. .	915	13	07	3142	52	41	07	41	2
	Demi, de 5 roubles, de 1763	915	6	53	3142	52	20	52	20	6
ARGENT.	Rouble de 100 coppecks, de 1750 à 1762	788	25	50	169	43	4	33	4	6
	Rouble de 100 coppecks, depuis 1798	870	20	93	189	33	3	96	4	0
	Nota. Ces roubles ne sont portés sur le tarif qu'à 788, comme les précédents; mais ce titre ayant été reconnu trop faible, ces pièces sont reçues à celui de 870, d'après une décision de l'administration générale des monnaies.									
	SARDAIGNE.									
OR.	Carlin, depuis 1768	890*	16	04	3053	78	48	98	49	3
	Demi	890*	8	02	3053	78	24	49	24	6
	Pistole, doppietta ou doublette	890*	3	19	3053	78	9	74	9	8
ARGENT.	Écu, depuis 1768	896*	23	48	195	94	4	60	4	7
	Demi-écu	899*	11	74	196	73	2	31	2	3
	Quart-d'écu	896*	5	84	195	94	1	14	1	1
	SAVOIE ET PIÉMONT.									
OR.	Sequin à l'annonciade	986	3	45	3386	36	11	68	11	9
	Pistoles vieilles, de Piémont	892	6	64	3061	17	20	33	»	

SAVOIE ET PIÉMONT (SUITE).	TITRE de chaque pièce.	POIDS de chaque pièce.	VALEUR déduction faite des frais de fabrication et d'affinage. du kilogram.	de la pièce.	VALEUR de la pièce droite de poids et de titre.
		gr.	fr. c.	fr. c.	fr. c.
R. Pistoles neuves de Charles Emmanuel III, depuis 1755, et de Victor-Amédée, de 1773	902	9 61	3097 87	29 77	30 02
Pistoles neuves de Victor-Amédée III, de 1786, et du règne de Charles-Emmanuel IV.	902	9 08	3097 87	28 13	28 46
Carlin de Charles-Emmanuel III . . .	902	48 12	3097 87	149 07	150 »
Carlin de Victor-Amédée III.	902	45 52	3097 87	141 02	142 30
Demi, *id*.	902	22 73	3097 87	70 41	71 15
ENT. Écu de 6 livres, depuis 1755.	903	35 10	197 66	6 94	7 07
Demi-écu	903	17 50	197 66	3 46	3 56
Un quart ou 30 sous.	903	8 76	197 66	1 73	1 76
Demi-quart, ou 15 sous.	903	4 30	197 66	» 85	» 88
SAXE.					
Voyez ALLEMAGNE, attendu que c'est le même système monétaire que l'on suit en Saxe.					
SUÈDE.					
R. Ducat.	975	3 45	3348 58	11 55	11 70
Demi-ducat.	975	1 70	3348 58	5 69	5 85
Un quart.	975	0 85	3348 58	2 84	2 93
GENT. Risdale d'espèce de 48 escalins, ou schellings de 1720 à 1802.	899	29 30	196 73	5 76	5 76
Deux tiers risdale, ou double plotte de 32 schellings.	899	19 50	196 73	3 84	3 84
Un tiers, ou 16 schellings	899	9 70	196 73	2 91	2 92
Nota. Quoique le tarif des monnaies porte ces trois pièces à 899, cependant elles ne sont fabriquées qu'au titre de 878. Elles donnent communément à l'essai celui de 875.					
SUISSE.					
R. Pièce de 32 francken suisse.	901*	15 24	3094 43	47 16	47 42
Pièce de 16.	901*	7 60	3094 43	23 52	23 71
Double ducat de Zurich.	974*	6 91	3345 15	23 11	» »
Ducat de Berne	974*	3 45	3345 15	11 54	» »
Pistole neuve de Berne	901*	7 60	3094 43	23 52	23 71

SUISSE (suite).

		TITRE de chaque pièce.	POIDS de chaque pièce.	VALEUR déduction faite des frais de fabrication et d'affinage. du kilogram.	de la pièce.	VALEUR de la pièce droite de poids et de titre.
			gr.	fr. c.	fr. c.	fr.
Argent.	Pièce de 40 batz, ou écu, depuis 1797, république helvétique	899*	29 48	196 73	5 80	6
	Pièce de 20 batz, ou demi-écu, depuis 1797, république helvétique.	899*	14 71	196 73	2 89	3
	Pièce de 4 francken, ou écu de 1799, république helvétique.........	899*	29 48	196 73	5 80	6
	Pièce de 4 francken, de 1801, *id.*.	896*	29 48	195 94	5 78	6
	Double écu de Bâle d'ancienne fabrication.....................	868*	57 47	188 81	10 85	12
	Écu, *id.*, *id.*..................	865*	28 26	188 07	5 31	6
	Demi-écu ou florin, *id*..........	868*	14 08	188 81	2 66	3
	Écu neuf de Bâle..................	840*	25 81	181 95	4 70	»

TOSCANE.

Or.	Ruspone, ou 3 sequins aux lis.....	993	10 40	3410 40	35 43	36
	Un tiers ruspone, ou sequins aux lis.	993	3 45	3410 40	11 75	12
	Demi-sequin.....................	993	1 70	3410 40	5 79	6
	Sequin à l'effigie	991	3 45	3403 53	11 74	12
	Pistole..........................	913	13 38	3135 65	41 95	»
	Rosine..........................	892	6 85	3061 17	20 97	21
	Demi............................	892	3 45	3061 17	10 56	10
Argent.	Francescone de 10 pauls, livoursine, piastre à la rose, talaro, léopoldine, et écu de 10 pauls.......	906	27 30	198 31	5 41	5
	Pièce de 5 pauls................	906	13 65	198 31	2 71	2

TURQUIE.

(Par approximation, comme le Japon).

Or.	Sequin zermahbould du sultan Abdoul-Hamet, de 1187 (1773)...	958*	4 94	3290 20	16 26	8
	Sequin foudoukli de Selim III, de 1203 (1788 et 1789)..........	799*	3 45	2729 84	9 42	9
	Demi, *id*	805*	1 65	2750 78	4 54	4
	Sequin du Caire, *id.*	682*	2 55	2325 67	5 93	»
	Sequin de zerm. de Selim III......	819	2 34	2799 78	6 55	»
	Sequin foundoukli...............	996	» »	3420 71	» »	»
Argent.	L'altmichlec de 60 paras d'Abdoul-Hamet, depuis 1771..........	552*	26 77	114 36	3 06	»

	TURQUIE (SUITE).	TITRE de chaque pièce.	POIDS de chaque pièce.	VALEUR déduction faite des frais de fabrication et d'affinage. du kilogram.	de la pièce.	VALEUR de la pièce droite de poids et titre.
			gr.	fr. c.	fr. c.	fr. c.
GENT.	Grouch, piastre de 50 paras, ou 120 aspres, depuis 1771..........	556*	18 64	115 24	2 15	» »
	Piastre de 40 paras de Selim III...	486*	13 17	99 04	» 30	» »
	VENISE.					
OR.	Sequin..........................	996	3 45	3420 71	11 80	12 »
	Demi..........................	996	1 70	3420 71	5 81	6 »
	Oselle..........................	996	13 97	3420 71	47 78	» »
	Ducat..........................	996	2 18	3420 71	7 46	7 49
	Pistole..........................	908*	6 75	3118 48	21 05	21 36
GENT.	Ducat effectif de 8 livres piccolis...	813	22 63	175 43	3 97	4 18
	Nota. Quoique le tarif des monnaies ne porte ces pièces qu'à 813, on obtient communément à l'essai, le titre de 830.					
	Écu à la croix..................	947*	31 39	207 29	6 51	6 70
	Justine, ou Ducaton............	948*	27 50	207 51	5 71	5 91
	Talaro..........................	830*	28 68	179 53	5 21	5 32
	Oselle..........................	948*	9 77	207 51	2 03	2 07

TABLEAU B

Indiquant la valeur du kilogramme des matières d'or et d'argent, d'après leur titre, et déduction faite des frais de fabrication et d'affinage.

TITRE des matières.	VALEUR déduction faite des frais de fabrication et d'affinage.		TITRE des matières.	VALEUR déduction faite des frais de fabrication et d'affinage.		TITRE des matières.	VALEUR déduction faite des frais de fabrication et d'affinage.	
	du kilogr^e. d'or.	du kilogr^e. d'argent.		du kilogr^e. d'or.	du kilogr^e. d'argent.		du kilogr^e. d'or.	du kilogr^e. d'argent.
	fr. c.	fr. c.		f. c.	fr. c.		fr. c.	fr. c.
1000	3434 44	218 89	967	3321 11	211 67	934	3207 77	204 44
999	3431 01	218 67	966	3317 67	211 45	933	3204 34	204 22
998	3427 58	218 45	965	3314 24	211 23	932	3200 90	204 »
997	3424 14	218 23	964	3310 80	211 01	931	3197 47	203 79
996	3420 71	218 01	963	3307 37	210 79	930	3194 03	203 57
995	3417 27	217 79	962	3303 94	210 57	929	3190 60	203 35
994	3413 84	217 58	961	3300 50	210 35	928	3187 16	203 13
993	3410 40	217 36	960	3297 07	210 13	927	3183 73	202 91
992	3406 97	217 14	959	3293 63	209 91	926	3180 30	202 69
991	3403 53	216 92	958	3290 20	209 70	925	3176 86	202 47
990	3400 10	216 70	957	3286 76	209 48	924	3173 43	202 25
989	3396 67	216 48	956	3283 33	209 26	923	3169 99	202 03
988	3393 23	216 26	955	3279 89	209 04	922	3166 56	201 82
987	3389 80	216 04	954	3276 46	208 82	921	3163 12	201 60
986	3386 36	215 82	953	3273 03	208 60	920	3159 69	201 38
985	3382 93	215 61	952	3269 59	208 38	919	3156 25	201 16
984	3379 49	215 39	951	3266 16	208 16	918	3152 82	200 94
983	3376 06	215 17	950	3262 72	207 94	917	3149 39	200 72
982	3372 62	214 95	949	3259 29	207 73	916	3145 95	200 50
981	3369 19	214 73	948	3255 85	207 51	915	3142 52	200 28
980	3365 76	214 51	947	3252 42	207 29	914	3139 08	200 06
979	3362 32	214 29	946	3248 98	207 07	913	3135 65	199 85
978	3358 89	214 07	945	3245 55	206 85	912	3132 21	199 63
977	3355 45	213 85	944	3242 12	206 63	911	3128 78	199 41
976	3352 02	213 64	943	3238 68	206 41	910	3125 34	199 19
975	3348 58	213 42	942	3235 25	206 19	909	3121 91	198 97
974	3345 15	213 20	941	3231 81	205 97	908	3118 48	198 75
973	3341 71	212 98	940	3228 38	205 76	907	3115 04	198 53
972	3338 28	212 76	939	3224 94	205 54	906	3111 61	198 31
971	3334 85	212 54	938	3221 51	205 32	905	3108 17	198 09
970	3331 41	212 32	937	3218 07	205 10	904	3104 74	197 88
969	3327 98	212 10	936	3214 64	204 88	903	3101 30	197 66
968	3324 54	211 88	935	3211 21	204 66	902	3097 87	197 44

TITRE des matières.	VALEUR déduction faite des frais de fabrication et d'affinage.		TITRE des matières.	VALEUR déduction faite des frais de fabrication et d'affinage.		TITRE des matières.	VALEUR déduction faite des frais de fabrication et d'affinage.	
	du kilogr^e. d'or.	du kilogr^e. d'argent.		du kilogr^e. d'or.	du kilogr^e. d'argent.		du kilogr^e. d'or.	du kilogr^e. d'argent.
	fr. c.	fr. c.		fr. c.	fr. c.		fr. c.	fr. c.
901	3094 43	197 22	855	2927 02	185 60	809	2764 76	174 43
900	3091 »	197 »	854	2923 45	185 35	808	2761 26	174 20
899	3087 25	196 73	853	2919 88	185 11	807	2757 77	173 96
898	3083 50	196 47	852	2916 32	184 87	806	2754 27	173 73
897	3079 77	196 21	851	2912 76	184 63	805	2750 78	173 50
896	3076 03	195 94	850	2909 20	184 39	804	2747 29	173 27
895	3072 31	195 69	849	2905 64	184 11	803	2743 80	173 03
894	3068 59	195 43	848	2902 09	183 87	802	2740 31	172 80
893	3064 88	195 17	847	2898 54	183 63	801	2736 82	172 57
892	3061 17	194 91	846	2894 99	183 39	800	2733 34	172 33
891	3057 47	194 65	845	2891 45	183 15	799	2729 84	172 04
890	3053 78	194 40	844	2887 90	182 91	798	2726 36	171 81
889	3050 09	194 13	843	2884 36	182 66	797	2722 87	171 57
888	3046 41	193 87	842	2880 81	182 42	796	2719 39	171 35
887	3042 72	193 61	841	2877 27	182 19	795	2715 90	171 12
886	3039 05	193 37	840	2873 73	181 95	794	2712 42	170 88
885	3035 38	193 11	839	2870 20	181 67	793	2708 94	170 65
884	3031 71	192 86	838	2866 66	181 43	792	2705 46	170 42
883	3028 05	192 60	837	2863 13	181 19	791	2701 98	170 18
882	3024 40	192 35	836	2859 60	180 95	790	2698 50	169 95
881	3020 75	192 09	835	2856 06	180 71	789	2695 02	169 66
880	3017 10	191 84	834	2852 54	180 47	788	2691 54	169 43
879	3013 45	191 57	833	2849 01	180 23	787	2688 06	169 20
878	3009 81	191 32	832	2845 49	180 02	786	2684 58	168 97
877	3006 18	191 08	831	2841 96	179 77	785	2681 11	168 74
876	3002 54	190 82	830	2838 44	179 53	784	2677 63	168 51
875	2998 92	190 57	829	2834 91	179 25	783	2674 16	168 27
874	2995 28	190 32	828	2831 40	179 01	782	2670 69	168 04
873	2991 67	190 07	827	2827 88	178 77	781	2667 21	167 81
872	2988 06	189 82	826	2824 36	178 53	780	2663 74	167 58
871	2984 44	189 58	825	2820 85	178 29	779	2660 26	167 29
870	2980 83	189 33	824	2817 33	178 06	778	2656 80	167 06
869	2977 22	189 05	823	2813 82	177 83	777	2653 32	166 83
868	2973 62	188 81	822	2810 30	177 59	776	2649 86	166 60
867	2970 01	188 57	821	2806 80	177 36	775	2646 38	166 37
866	2966 42	188 32	820	2803 28	177 12	774	2642 92	166 14
865	2962 82	188 07	819	2799 78	176 83	773	2639 45	165 91
864	2959 23	187 83	818	2796 27	176 60	772	2635 98	165 67
863	2955 64	187 58	817	2792 76	176 36	771	2632 52	165 44
862	2952 05	187 33	816	2789 26	176 12	770	2629 05	165 21
861	2948 47	187 09	815	2785 76	175 89	769	2625 58	164 93
860	2944 88	186 84	814	2782 26	175 66	768	2622 11	164 70
859	2941 31	186 58	813	2778 75	175 43	767	2618 65	164 47
858	2937 73	186 33	812	2775 26	175 19	766	2615 18	164 23
857	2934 16	186 09	811	2771 75	174 96	765	2611 72	164 »
856	2930 58	185 84	810	2768 26	174 72	764	2608 26	163 77

TITRE des matières.	VALEUR déduction faite des frais de fabrication et d'affinage. du kilogr^e. d'or.	du kilogr^e. d'argent.	TITRE des matières.	VALEUR déduction faite des frais de fabrication et d'affinage. du kilogr^e. d'or.	du kilogr^e. d'argent.	TITRE des matières.	VALEUR déduction faite des frais de fabrication et d'affinage. du kilogr^e. d'or.	du kilogr^e. d'argent.
	fr. c.	fr. c.		fr. c.	fr. c.		fr. c.	fr. c.
763	2604 80	163 54	717	2446 01	152 70	671	2287 90	142 »
762	2601 34	163 31	716	2442 57	152 47	670	2284 48	141 78
761	2597 87	163 08	715	2439 13	152 25	669	2281 04	141 48
760	2594 42	162 86	714	2435 68	152 03	668	2277 61	141 25
759	2590 95	162 56	713	2432 24	151 80	667	2274 18	141 02
758	2587 49	162 33	712	2428 80	151 57	666	2270 75	140 80
757	2584 03	162 10	711	2425 36	151 34	665	2267 32	140 57
756	2580 58	161 87	710	2421 92	151 11	664	2263 89	140 35
755	2577 12	161 64	709	2418 47	150 81	663	2260 46	140 12
754	2573 66	161 41	708	2415 04	150 59	662	2257 03	139 89
753	2570 21	161 18	707	2411 59	150 36	661	2253 60	139 68
752	2566 74	160 95	706	2408 15	150 14	660	2250 17	139 85
751	2563 29	160 73	705	2404 71	149 91	659	2246 74	139 15
750	2559 83	160 50	704	2401 27	149 69	658	2243 31	138 92
749	2556 38	160 21	703	2397 83	149 46	657	2239 88	138 69
748	2552 92	159 98	702	2394 40	149 23	656	2236 45	138 47
747	2549 47	159 75	701	2390 96	149 »	655	2233 02	138 24
746	2546 02	159 52	700	2387 52	148 78	654	2229 60	138 01
745	2542 56	159 29	699	2384 08	148 47	653	2226 16	137 79
744	2539 11	159 06	698	2380 64	148 25	652	2222 74	137 57
743	2535 65	158 83	697	2377 21	148 03	651	2219 31	137 35
742	2532 20	158 61	696	2373 76	147 80	650	2215 88	137 12
741	2528 75	158 38	695	2370 33	147 57	649	2212 45	136 82
740	2525 30	158 15	694	2366 89	147 85	648	2209 03	136 59
739	2521 84	157 85	693	2363 46	147 12	647	2205 60	136 36
738	2518 40	157 62	692	2360 02	146 89	646	2202 17	136 14
737	2514 95	157 39	691	2356 58	146 67	645	2198 75	135 91
736	2511 49	157 17	690	2353 15	146 44	644	2195 31	135 69
735	2508 05	156 94	689	2349 71	146 14	643	2191 89	135 47
734	2504 59	156 71	688	2346 28	145 92	642	2188 46	135 24
733	2501 15	156 49	687	2342 84	145 69	641	2185 04	135 02
732	2497 69	156 26	686	2339 41	145 46	640	2181 61	134 79
731	2494 25	156 03	685	2335 97	145 24	639	2178 18	134 49
730	2490 80	155 80	684	2332 54	145 01	638	2174 76	134 26
729	2487 35	155 50	683	2329 11	144 78	637	2171 33	134 04
728	2483 91	155 27	682	2325 67	144 56	636	2167 91	133 81
727	2480 46	155 05	681	2322 24	144 33	635	2164 48	133 59
726	2477 02	154 82	680	2318 80	144 10	634	2161 06	133 37
725	2473 57	154 59	679	2315 37	143 81	633	2157 63	133 14
724	2470 12	154 37	678	2311 93	143 58	632	2154 21	132 92
723	2466 67	154 14	677	2308 50	143 36	631	2150 78	132 69
722	2463 23	153 91	676	2305 06	143 13	630	2147 35	132 47
721	2459 78	153 69	675	2301 63	142 90	629	2143 93	132 16
720	2456 34	153 46	674	2298 21	142 68	628	2140 50	131 94
719	2452 90	153 16	673	2294 77	142 45	627	2137 08	131 71
718	2449 45	152 93	672	2291 34	142 22	626	2133 65	131 48

TITRE des matières.	VALEUR déduction faite des frais de fabrication et d'affinage. du kilogr^{e}. d'or.	du kilogr^{e}. d'argent.	TITRE des matières.	VALEUR déduction faite des frais de fabrication et d'affinage. du kilogr^{e}. d'or.	du kilogr^{e}. d'argent.	TITRE des matières.	VALEUR déduction faite des frais de fabrication et d'affinage. du kilogr^{e}. d'or.	du kilogr^{e}. d'argent.
	fr. c.	fr. c.		fr. c.	fr. c.		fr. c.	fr. c.
625	2130 23	131 27	583	1986 52	121 53	541	1842 99	111 82
624	2126 80	131 04	582	1983 11	121 30	540	1839 57	111 59
623	2123 38	130 82	581	1979 68	121 08	539	1836 16	111 28
622	2119 96	130 59	580	1976 27	120 86	538	1832 74	111 06
621	2116 54	130 37	579	1972 84	120 56	537	1829 33	110 83
620	2113 12	130 14	578	1969 43	120 33	536	1825 91	110 61
619	2109 69	129 84	577	1966 »	120 11	535	1822 50	110 39
618	2106 27	129 61	576	1962 59	119 88	534	1819 08	110 17
617	2102 84	129 39	575	1959 17	119 66	533	1815 67	109 95
616	2099 42	129 17	574	1955 75	119 43	532	1812 25	109 72
615	2095 99	128 94	573	1952 34	119 21	531	1808 84	109 50
614	2092 57	128 72	572	1948 91	118 98	530	1805 42	109 27
613	2089 15	128 49	571	1945 50	118 77	529	1802 »	108 96
612	2085 73	128 27	570	1942 08	118 54	528	1798 59	108 74
611	2082 31	128 04	569	1938 66	118 24	527	1795 17	108 52
610	2078 88	127 82	568	1935 24	118 01	526	1791 76	108 30
609	2075 46	127 51	567	1931 83	117 79	525	1788 34	108 08
608	2072 04	127 29	566	1928 41	117 56	524	1784 93	107 85
607	2068 62	127 07	565	1924 99	117 34	523	1781 51	107 63
606	2065 19	126 85	564	1921 58	117 11	522	1778 10	107 41
605	2061 77	126 62	563	1918 15	116 89	521	1774 69	107 18
604	2058 35	126 40	562	1914 74	116 67	520	1771 27	106 96
603	2054 93	126 17	561	1911 32	116 45	519	1767 86	106 64
602	2051 51	125 95	560	1907 90	116 23	518	1764 44	106 42
601	2048 09	125 72	559	1904 48	115 92	517	1761 03	106 21
600	2044 67	125 50	558	1901 07	115 69	516	1757 61	105 99
599	2041 24	125 19	557	1897 66	115 47	515	1754 20	105 76
598	2037 83	124 97	556	1894 23	115 24	514	1750 78	105 54
597	2034 40	124 75	555	1890 82	115 02	513	1747 38	105 31
596	2030 98	124 52	554	1887 40	114 79	512	1743 97	105 09
595	2027 56	124 30	553	1883 99	114 58	511	1740 55	104 87
594	2024 14	124 07	552	1880 56	114 36	510	1737 14	104 64
593	2020 72	123 85	551	1877 15	114 13	509	1733 72	104 33
592	2017 30	123 62	550	1873 73	113 91	508	1730 31	104 12
591	2013 88	123 40	549	1870 32	113 60	507	1726 89	103 89
590	2010 46	123 18	548	1866 91	113 37	506	1723 48	103 67
589	2007 04	122 88	547	1863 48	113 15	505	1720 06	103 45
588	2003 62	122 65	546	1860 07	112 93	504	1716 65	103 22
587	2000 20	122 43	545	1856 65	112 70	503	1713 24	103 »
586	1996 78	122 20	544	1853 24	112 49	502	1709 83	102 78
585	1993 36	121 98	543	1849 82	112 26	501	1706 42	102 55
584	1989 95	121 75	542	1846 41	112 04	500	1703 »	102 33

TABLE
DES MATIÈRES.

Application des règles d'alliage aux monnaies et aux matières d'or et d'argent.

Complément des notions nécessaires à tous ceux qui veulent faire le commerce des matières d'or et d'argent.

FIN DE LA TABLE.

www.ingramcontent.com/pod-product-compliance
Ingram Content Group UK Ltd.
Pitfield, Milton Keynes, MK11 3LW, UK
UKHW021602260726
13993UKWH00002B/992